U0101483

日者列傳第六十七　史記一百二十七

墨子曰墨子北之齊遇日者日者曰帝以今日殺黒龍於北方而先生之色黒不可以北墨子不聽遂北至淄水墨子不遂而反焉日者曰我謂先生不可以北然則古人占候卜筮通謂之日者墨子亦云非但史記也○索隱曰案名卜筮曰日者以墨所以卜筮占候時日通名日者故也

自古受命而王王者之興何嘗不以卜筮決于天命哉其於周尤甚及秦可見代王之入任於卜者太卜之起由漢興而有索隱曰案周禮有太卜之官此云由漢興者謂漢自文帝卜大横之後其卜官更興盛焉

司馬季主者楚人也索隱曰按云楚人而太史公不序其系葢楚相司馬子期子反後姓也季主見列仙傳卜於長安東市宋忠爲中大夫賈誼爲博士同日俱出洗沐正義曰漢官五日一假洗沐也相從論議誦易先王聖人之道術究徧人情相視而歎賈誼曰吾聞古之聖人不居朝廷必在卜醫之中今吾已見三公九卿朝士大夫皆可知矣試之卜數中以觀采索隱曰卜數猶術數也音所具反劉氏云具數筮之亦通筮必以易易用大衍之數也

二人即同輿而之市游於卜肆中天新雨道少人司馬季主閒坐弟子三四人侍方辯天地之道日月之運陰陽吉凶之本二大夫再拜謁司馬季主視其狀貌如類有知者即禮之使弟

司馬季主

日者列傳第六十七　史記一百二十七

[illegible]

自古受命而王王者之興何嘗不以卜筮決於天命哉其於周尤甚及秦可見代王之入任於卜者太卜之起由漢興而有[illegible]

司馬季主者楚人也[illegible]

卜於長安東市宋忠為中大夫賈誼為博士同日俱出洗沐[illegible]相從論議誦易先王聖人之道術究遍人情相視而歎賈誼曰吾聞古之聖人不居朝廷必在卜醫之中今吾已見三公九卿朝士大夫皆可知矣試之卜數中以觀采[illegible]

二人即同輿而之市游於卜肆中天新雨道少人司馬季主閒坐弟子三四人侍方辯天地之道日月之運陰陽吉凶之本二大夫再拜謁司馬季主視其狀貌如類有知者即禮之使弟

子延之坐坐定司馬季主復理前語分別天地之終始日月星辰之紀差次仁義之際列吉凶之符語數千言莫不順理宋忠賈誼瞿然而悟獵纓正襟危坐索隱曰獵攬也攬其冠纓而正其衣襟謂変而自飾也危一作免謂俯俛爲敬曰吾望先生之狀聽先生之辭小子竊觀於世未嘗見也今何居之卑何行之汙索隱曰音烏故反司馬季主捧腹大笑曰觀大夫類有道術者今何言之陋也何辭之野也今夫子所賢者何也所高者誰也今何以卑汙長者二君曰尊官厚祿世之所高也賢才處之今所處非其地故謂之

卑言不信行不驗取不當故謂之汙夫卜筮者世俗之所賤簡也世皆言曰夫卜者多言誇嚴以得人情索隱曰謂卜者自矜誇而莊嚴以得人情也虛高人祿命以說人志擅言禍災以傷人心矯言鬼神以盡人財厚求拜謝以私於己此吾之所恥故謂之卑汙也司馬季主曰公且安坐公見夫被髮童子乎日月照之則行不照則止問之日月疵瑕吉凶則不能理由是觀之能知別賢與不肖者寡矣賢之行也直道以正諫三諫不聽則退其譽人也不望其報惡人也不顧其怨以便國家利

衆爲務故官非其任不處也祿非其功不受也見人不正雖貴不敬也見人有汙雖尊不下也得不爲喜去不爲恨非其罪也雖累辱而不愧也今公所謂賢者皆可爲羞矣卑疵而前（索隱曰疵音貲）孅趨而言（索隱曰孅音纖孅趨猶足恭也）相引以勢相導以利比周賓正（徐廣曰客旅謂之賓人求長官謂之正）以求尊譽以受公奉事私利枉主法獵農民以官爲威以法爲機求利逆暴譬無異於操白刃劫人者也初試官時倍力爲巧詐飾虛功執空文以調主上用居上爲右試官不讓賢陳功見僞增實以無爲有以

少爲多以求便勢尊位食飲驅馳從姬歌兒不顧於親犯法害民虛公家此夫爲盜不操矛弧者也攻而不用弦刃者也欺父母未有罪而弑君未伐者也何以爲高賢才乎盜賊發不能禁夷貊不服不能攝姦邪起不能塞官耗亂不能治四時不和不能調歲穀不孰不能適（索隱曰音釋適猶調也）才賢不爲是不忠也才不賢而託官位利上奉妨賢者處是竊位也（索隱曰奉音扶用反）有人者進有財者禮是僞也子獨不見鴟梟之與鳳皇翔乎蘭芷芎藭棄於廣野蒿蕭成林使君子退而不

顯衆公等是也述而不作君子義也今夫卜者
必法天地象四時順於仁義分策定卦按式正
棊徐廣曰式音栻○索隱曰按式即栻也旋轉也栻之形上圓象天下方法地用之則轉天綱加地之辰故云旋
式棊者筮之狀正棊蓋謂下以作卦也然後言天地之利害事之成敗
昔先王之定國家必先龜策日月而後乃敢代
正時日乃後入家產子必先占吉凶後乃有之
索隱曰謂若卜之不祥則式不收也卜吉而後有故云有之自伏羲作八卦周文
王演三百八十四爻而天下治越王勾踐倣文
王八卦索隱曰倣音方往反以破敵國霸天下由是言之卜
筮有何負哉且夫卜筮者埽除設坐正其冠帶

然後乃言事此有禮也言而鬼神或以饗忠臣
以事其上孝子以養其親慈父以畜其子此有
德者也而以義置數十百錢病者或以愈且死
或以生患或以免事或以成嫁子娶婦或以養
生此之爲德豈直數十百錢哉此夫老子所謂
上德不德是以有德今夫卜筮者利大而謝少
老子之云豈異於是乎莊子曰君子內無飢寒
之患外無劫奪之憂居上而敬居下不爲害君
子之道也今夫卜筮者之爲業也積之無委聚
藏之不用府庫徙之不用輜車負裝之不重止而

用之無盡索之時持不盡索之物游於無窮之世雖莊氏之行未能增於是也子何故而云不可卜哉天不足西北星辰西北移地不足東南以海爲池日中必移月滿必虧先王之道乍存乍亡公責卜者言必信不亦惑乎公見夫談士辯人乎慮事定計必是人也然不能以一言說人主意故言必稱先王語必道上古慮事定計飾先王之成功語其敗害以恐喜人主之志以求其欲多言誇嚴（徐廣曰一作險）莫大於此矣然欲彊國成功盡忠於上非此不立今夫卜者導惑教愚

也夫愚惑之人豈能以一言而知之哉言不厭多故騏驥不能與罷驢爲駟而鳳皇不與燕雀爲羣而賢者亦不與不肖者同列故君子處卑隱以辟衆自匿以辟倫微見德順以除羣害以明天性助上養下多其功利不求尊譽公之等喁喁者也何知長者之道乎宋忠賈誼忽而自失芒乎無色（索隱曰芒音莫郎反）悵然噤口不能言（索隱曰悵音暢噤音禁劉氏音其錦反）於是攝衣而起再拜而辭行洋洋也出市門僅能自上車伏軾低頭卒不能出氣居三日宋忠見賈誼於殿門外乃相引屛語相謂自

歎曰道高益安勢高益危居赫赫之勢失身且有日矣夫卜而有不審不見奪糈徐廣曰音所駰案離騷經曰懷椒糈而要之王逸云糈精米所以享神爲人主計而不審身無所處索隱曰糈者卜求神之米也言卜之不中乃可見奪其糈米若爲人主計不審則身無所處也此相去遠矣猶天冠地屨也此老子之所謂無名者萬物之始也天地曠曠物之熙熙或安或危莫知居之我與若何足預彼哉彼久而愈安雖曾氏之義徐廣曰曾一作莊未有以異也久之宋忠使匈奴不至而還抵罪而賈誼爲梁懷王傅王墮馬薨誼不食毒恨而死此務華絕根者也索隱曰言宋忠賈誼皆務華而喪其身是絕其根本也

太史公曰古者卜人所以不載者多不見于篇及至司馬季主余志而著之

褚先生曰臣爲郎時游觀長安中見卜筮之賢大夫觀其起居行步坐起自動誓正其衣冠而當鄉人也有君子之風見性好解婦來卜對之顏色嚴振未甞見齒而笑也從古以來賢者避世有居止舞澤者有居民閒閉口不言有隱居卜筮閒以全身者夫司馬季主者楚賢大夫游學長安通易經術黃帝老子博聞遠見觀其對

二大夫貴人之談言稱引古明王聖人道固非淺聞小數之能及卜筮立名聲千里者各往往而在傳曰富爲上貴次之既貴各各學一伎能立其身黄直丈夫也陳君夫婦人也以相馬立名天下齊張仲曲成侯以善擊刺學用劒立名天下留長孺以相彘立名滎陽褚氏以相牛立名能以伎能立名者甚多皆有高世絶人之風何可勝言故曰非其地樹之不生非其意教之不成夫家之教子孫當視其所以好好含苟生活之道因而成之故曰制宅命子足以觀士子

有處所可謂賢人臣爲郎時與太卜待詔爲郎者同署言曰孝武帝時聚會占家問之某日可取婦乎五行家曰可堪輿家曰不可建除家曰不吉叢辰家曰大凶歷家曰小凶天人家曰小吉太一家曰大吉辯訟不決以狀聞制曰避諸死忌以五行爲主人取於五行者也

索隱述贊曰

日者之名　有自來矣　吉凶占候
著於墨子　齊楚異法　書亡罕紀
後人斯繼　季主獨美　取免暴秦

此焉終否

日者列傳第六十七　史記一百二十七

龜策列傳第六十八　　史記一百二十八

索隱曰龜策傳有録無書褚先生所補其叙事煩蕪陋略無可取○正義曰史記至元成間十篇有録無書而褚少孫補景武紀將相年表禮書樂書律書三王世家蒯成侯日者龜策列傳日者龜策言辭最鄙陋非太史公之本意也

太史公曰自古聖王將建國受命興動事業何嘗不寶卜筮以助善唐虞以上不可記已自三代之興各據禎祥塗山之兆從而夏啓世飛燕之卜順故殷興百穀之筮吉故周王王者決定諸疑參以卜筮斷以蓍龜不易之道也蠻夷氐羌雖無君臣之序亦有決疑之卜或以金石或以草木徐廣曰一作革國不同俗然皆可以戰伐攻擊推兵求勝各信其神以知來事略聞夏殷欲卜者乃取蓍龜已則弃去之以爲龜藏則不靈蓍久則不神至周室之卜官常寶藏蓍龜又其大小先後各有所尚要其歸等耳或以爲聖王遭事無不定決疑無不見其設稽神求問之道者以爲後世衰微愚不師智人各自安化分爲百室道散而無根故推歸之至微要絜於精神也或以爲昆蟲之所長聖人不能與爭其處吉凶別然否多中於人至高祖時因秦太卜官天下

始定兵革未息及孝惠享國日少呂后女主孝文孝景因襲掌故未遑講試雖父子疇官世世相傳其精微深妙多所遺失至今上即位博開藝能之路悉延百端之學通一伎之士咸得自効絕倫超奇者為右無所阿私數年之間太卜大集會上欲擊匈奴西攘大宛（徐廣曰攘一作襄襄除也）南收百越卜筮至預見表象先圖其利及猛將推鋒執節獲勝於彼而蓍龜時日亦有力於此上尤加意賞賜至或數千萬如丘子明之屬富溢貴寵傾於朝廷至以卜筮射蠱道巫蠱時或頗中

素有眦睚不快因公行誅恣意所傷以破族滅門者不可勝數百僚蕩恐皆曰龜策能言後事覺姦窮亦誅三族夫摓策定數（徐廣曰摓音逢一作逹○索隱曰摓謂兩手執蓍分而扐之故云摓策）灼龜觀兆變化無窮是以擇賢而用占焉可謂聖人重事者乎周公卜三龜而武王有瘳紂為暴虐而元龜不占晉文將定襄王之位卜得黃帝之兆（左傳曰遇黃帝戰于阪泉之兆）卒受彤弓之命獻公貪驪姬之色卜而兆有口象其禍竟流五世楚靈將背周室卜而龜逆（左傳曰靈王卜曰余尚得天下不吉投龜詬天而呼曰是區區者而不余畀余必自取之○索隱曰詬音火候反）終被乾溪之

敗兆應信誠於内而時人明察見之於外可不謂兩合者哉君子謂夫輕卜筮無神明者悖背人道 索隱曰悖音倍背音佩 信禨祥者鬼神不得其正故書建稽疑五謀而卜筮居其二五占從其多明有而不專之道也余至江南觀其行事問其長老云龜千歲乃遊蓮葉之上 徐廣曰蓮一作領領与蓮聲相近或假借字也 蓍百莖共一根 徐廣曰劉向云龜千歲而靈蓍百年而一本生百莖 又其所生獸無虎狼草無毒螫江傍家人常畜龜飲食之以爲能導引致氣有益於助衰養老豈不信哉褚先生曰臣以通經術受業博士治春秋以高第

爲郎幸得宿衛出入宮殿中十有餘年竊好太史公傳太史公之傳曰三王不同龜四夷各異卜然各以決吉凶略闚其要故作龜策列傳臣往來長安中求龜策列傳不能得故之太卜官問掌故文學長老習事者寫取龜策卜事編于下方聞古五帝三王發動舉事必先決蓍龜傳曰 索隱曰此傳即太卜所得古龜之說也 下有伏靈上有兔絲上有擣蓍 索隱曰擣音逐留反擣蓍即藂蓍擣古稠字 下有神龜所謂伏靈者在兔絲之下狀似飛鳥之形新雨已天清靜無風以夜捎兔絲去之即以篝燭此地 徐廣曰篝籠也蓋然火而

籠罩其上也音溝陳涉世家曰夜篝火也燭之火滅即記其處以新布四
丈環置之明即掘取之入四尺至七尺得矣過
七尺不可得伏靈者千歲松根也食之不死聞
著生滿百莖者其下必有神龜守之其上常有
青雲覆之傳曰天下和平王道得而蓍莖長丈
其叢生滿百莖方今世取蓍者不能中古法度
不能得滿百莖長丈者取八十莖已上蓍長八
尺即難得也人民好用卦者取滿六十莖已上
長滿六尺者即可用矣記曰能得名龜者財物
歸之家必大富至千萬一曰北斗龜二曰南辰

龜三曰五星龜四曰八風龜五曰二十八宿龜
六曰日月龜七曰九州龜八曰玉龜凡八名龜
龜圖各有文在腹下文云云者此某之龜也略
記其大指不寫其圖取此龜不必滿尺二寸民
人得長七八寸可寶矣今夫珠玉寶器雖有所
深藏必見其光必出其神明其此之謂乎故玉
處於山而木潤淵生珠而岸不枯者徐廣曰一無不字許氏說
淮南以爲滋潤鍾於明珠致令岸枯也潤澤之所加也明月之珠出於
江海藏於蚌中蚗龍伏之徐廣曰許氏說淮南云蚗龍龍屬也音決○索隱曰
蚗當爲蛟蠪音龍注音決誤也王者得之長有天下四夷賓服能

得百莖蓍并得其下龜以卜者百言百當足以
決吉凶神龜出於江水中廬江郡常歲時生龜
長尺二寸者二十枚輸太卜官太卜官因以吉
日剔取其腹下甲龜千歲乃滿尺二寸王者發
軍行將必鑽龜廟堂之上以決吉凶今高廟中
有龜室藏內以爲神寶傳曰取前足臑骨穿佩
之徐廣曰臑音乃毛反臑臂○索隱曰臑音乃高反一音乃導反取龜置室西北隅懸
之以入深山大林中不惑自爲郎時見萬畢石
朱方傳曰有神龜在江南嘉林中索隱曰按萬畢術中有石朱方
方中說嘉林中故云傳曰嘉林者獸無虎狼鳥無鴟梟草無毒

螫野火不及斧斤不至是爲嘉林龜在其中常
巢於芳蓮之上左脅書文曰甲子重光徐廣曰子一作于
得我者匹夫爲人君有土正徐廣曰正長也爲有土之官長諸侯
得我爲帝王求之於白蛇蟠杅徐廣曰一孤反林中者齋
戒以待譺然索隱曰按林名白蛇蟠杅林龜藏其中杅音烏謂白蛇嘗蟠杅此林中也譺音嶷疑言
求龜者齋戒以待恒譺然也狀如有人來告之因以醮酒佗髮
徐廣曰佗一作被○索隱曰佗音徒我切謂被髮也求之三宿而得由是觀之
豈不偉哉故龜可不敬與南方老人用龜支牀
足行二十餘歲老人死移牀龜尚生不死龜能
行氣導引問者曰龜至神若此然太卜官得生

龜何爲輒殺取其甲乎近世江上人有得名龜畜置之家因大富與人議欲遣去人教殺之勿遣遣之破人家龜見夢曰送我水中無殺吾也其家終殺之殺之後身死家不利人民與君王者異道人民得名龜其狀類不宜殺也以往古故事言之古明王聖主皆殺而用之宋元王時得龜亦殺而用之謹連其事於左方令好事者觀擇其中焉宋元王二年江使神龜使於河至於泉陽漁者豫且舉網得而因之（索隱曰且音子余切泉陽人網元龜者）置之籠中夜半龜來見夢於宋元王曰我

爲江使於河而幕網當吾路泉陽豫且得我我不能去身在患中莫可告語王有德義故來告訴元王惕然而悟乃召博士衛平而問之（索隱曰宋元君之臣也）曰今寡人夢見一丈夫延頸而長頭衣玄繡之衣而乘輜車來見夢於寡人曰我爲江使於河而幕網當吾路泉陽豫且得我我不能去身在患中莫可告語王有德義故來告訴是何物也衛平乃援式而起（徐廣曰式音栻）仰天而視月之光觀斗所指定日處鄉規矩爲輔副以權衡四維已定八卦相望視其吉凶介蟲先見乃對元

王曰今昔壬子索隱曰今昔猶昨夜也以今日言之謂昨夜爲今昔宿在牽牛河水大會鬼神相謀漢正南北正義曰漢天河江河固期南風新至江使先來白雲壅漢萬物盡留斗柄指日使者當囚玄服而乘輜車其名爲龜王急使人問而求之王曰善於是王乃使人馳而往問泉陽令曰漁者幾何家名誰爲豫且豫且得龜見夢於王王故使我求之泉陽令乃使吏案籍視圖水上漁者五十五家上流之廬名爲豫且泉陽令曰諾乃與使者馳而問豫且曰今昔汝漁何得豫且曰夜半時舉網得龜莊子曰得白龜圓五尺

使者曰今龜安在曰在籠中使者曰王知子得龜故使我求之豫且曰諾即系龜而出之籠中獻使者使者載行出於泉陽之門正晝無見風雨晦冥雲蓋其上五采青黃雷雨並起風將而行入於端門見於東箱身如流水潤澤有光望見元王延頸而前三步而止縮頸而卻復其故處元王見而怪之問衛平曰龜見寡人延頸而前以何望也縮頸而復是何當也衛平對曰龜在患中而終昔囚王有德義使人活之今延頸而前以當謝也縮頸而卻欲亟去也元王曰善

哉神至如此乎不可久留趣駕送龜勿令失期衛平對曰龜者是天下之寶也先得此龜者爲天子且十言十當十戰十勝生於深淵長於黃土知天之道明於上古游三千歲不出其域安平靜正動不用力壽蔽天地莫知其極與物變化四時變色居而自匿伏而不食春蒼夏黃秋白冬黑明於陰陽審於刑德先知利害察於禍福以言而當以戰而勝王能寶之諸侯盡服王勿遣也以安社稷元王曰龜甚神靈降于上天陷於深淵在患難中以我爲賢德厚而忠信故來告寡人寡人若不遣也是漁者也漁者利其肉寡人貪其力下爲不仁上爲無德君臣無禮何從有福寡人不忍奈何勿遣衛平對曰不然臣聞盛德不報重寄不歸天與不受天奪之寶今龜周流天下還復其所上至蒼天下薄泥塗還徧九州未嘗愧辱無所稽留今至泉陽漁者辱而囚之王雖遣之江河必怒務求報仇自以爲侵因神與謀淫雨不霽水不可治若爲枯旱風而揚埃蝗蟲暴生百姓失時王行仁義其罰必來此無佗故其祟在龜後雖悔之豈有及哉

王勿遣也元王慨然而歎曰夫逆人之使絶人之謀是不暴乎取人之有以自爲寶是不彊乎寡人聞之暴得者必暴亡彊取者必後無功桀紂暴彊身死國亡今我聽子是無仁義之名而有暴彊之道江河爲湯武我爲桀紂未見其利恐離其咎寡人狐疑安事此寶趣駕送龜勿令久留衞平對曰不然王其無患天地之間累石爲山高而不壞地得爲安故云物或危而顧安或輕而不可遷人或忠信而不如誕謾（徐廣曰誕一作訑音土和反○索隱曰誕音田爛切謾音漫又並如字）或醜惡而宜大官或美好

佳麗而爲衆人患非神聖人莫能盡言春秋冬夏或暑或寒寒暑不和賊氣相奸同歲異節其時使然故令春生夏長秋收冬藏或爲仁義或爲暴彊暴彊有鄉仁義有時萬物盡然不可勝治大王聽臣臣請悉言之天出五色以辨白黑地生五穀以知善惡人民莫知辨也與禽獸相若谷居而穴處不知田作天下禍亂陰陽相錯忽忽疾疾（徐廣曰一作病）通而不相擇妖孽數見（正義曰訞文云衣服訶謡草木之怪謂之妖禽獸蟲蝗之怪謂之孽也）傳爲單薄聖人別其生使無相獲禽獸有牝牡置之山原鳥有雌雄布之

林澤有介之蟲置之谿谷故牧人民爲之城郭内經閭術外爲阡陌夫妻男女賦之田宅列其室屋爲之圖籍別其名族立官置吏勸以爵祿衣以桑麻養以五穀耕之耰之（徐廣曰音憂○正義曰耰覆種也說文云耰摩田器）鉏之耨之（徐廣曰耨除草也）口得所嗜目得所美身受其利以是觀之非彊不至故曰田者不彊囷倉不盈（正義曰說文云圓者謂之囷方者謂之稟）商賈不彊不得其贏婦女不彊布帛不精官御不彊其勢不成大將不彊卒不使令侯王不彊沒世無名故云彊者事之始也分之理也物之紀也所求於彊無不

有也王以爲不然王獨不聞玉櫝隻雉（徐廣曰隻一作雙）出於昆山明月之珠出於四海鐫石拌蚌（徐廣曰鐫音子旋反拌音判○索隱曰拌割也）傳賣於市聖人得之以爲大寶大寶所在乃爲天子今王自以爲暴不如拌蚌於海也自以爲彊不過鐫石於昆山也取者無咎寶者無患今龜使來抵網而遭漁者得之見夢自言是國之寶也王何憂焉元王曰不然寡人聞之諫者福也諛者賊也人主聽諛是愚惑也雖然禍不妄至福不徒來天地合氣以生百財陰陽有分不離四時十有二月日至爲期聖

人徹焉身乃無災明王用之人莫敢欺故云福之至也人自生之禍之至也人自成之禍與福同刑與德雙聖人察之以知吉凶桀紂之時與天爭功擁遏鬼神使不得通是固已無道矣諛臣有衆桀有諛臣名曰趙梁教爲無道勸以貪狼繫湯夏臺殺關龍逢左右恐死偷諛於傍國危於累卵皆曰無傷稱樂萬歲或曰未央蔽其耳目與之詐狂湯卒伐桀身死國亡聽其諛臣身獨受殃春秋著之至今不忘紂有諛臣名爲左彊誇而目巧教爲象郎 禮記曰目巧之室鄭玄曰但用目巧善意作室不由法度許慎曰象牙郎 將至於天又有玉牀犀玉之器象箸而羹 索隱曰箸音持慮反則箸即筯爲與羹連或非箸樽也記曰羹之有菜者用梜梜者筯也 聖人剖其心壯士斬其胻 胻音衡脚脛也 箕子恐死被髮佯狂殺周太子歷囚文王昌投之石室 索隱曰按殺周太子歷在囚文王昌之上則近是季歷季歷不被紂誅則其言近妄無容周更別有太子名歷也 將以昔至明陰兢活之 徐廣曰兢一作競○索隱曰陰姓兢名也 與之俱亡入於周地得太公望興卒聚兵與紂相攻文王病死載尸以行太子發代將號爲武王戰於牧野破之華山之陽紂不勝敗而還走圍之象郎自殺宣室 徐廣曰天子之居名曰宣室 身死不葬頭懸車軫四馬曳行寡

人念其如此腸如涫湯（徐廣曰涫音館一作沸○索隱曰涫沸也）是人皆富有天下而貴至天子然而大傲欲無猒時舉事而喜高貪很而驕不用忠信聽其諛臣而爲天下笑今寡人之邦居諸侯之閒曾不如秋毫舉事不當又安亡逃衞平對曰不然河雖神賢不如崑崙之山江之源理不如四海而人尚奪取其寶諸侯爭之兵革爲起小國見亡大國危殆殺人父兄虜人妻子殘國滅廟以爭此寶戰攻分爭是暴彊也故云取之以暴彊而治以文理無逆四時必親賢士與陰陽化鬼神爲使

通於天地與之爲友諸侯賓服民衆殷喜邦家安寧與世更始湯武行之乃取天子春秋著之以爲經紀王不自稱湯武而自比桀紂爲暴彊也固以爲常桀爲瓦室（世本曰昆吾作陶張華博物記亦云桀作瓦蓋是昆吾爲桀作也）紂爲象郎徵絲灼之務以費民（索隱曰灼謂燔也燒絲以當薪務費人也）賦斂無度殺戮無方殺人六畜以韋爲囊囊盛其血與人懸而射之與天帝爭彊逆亂四時先百鬼嘗諫者輒死諛者在傍聖人伏匿百姓莫行天數枯旱國多妖祥螟蟲歲生五穀不成民不安其處鬼神不享飄風日起正晝晦

冥日月並蝕滅息無光列星奔亂皆絶紀綱以是觀之安得久長雖無湯武時固當亡故湯伐桀武王剋紂其時使然乃為天子子孫續世終身無咎後世稱之至今不已是皆當時而行見事而彊乃能成其帝王今龜大寶也為聖人使傳之賢士不用手足雷電將之風雨送之流水行之侯王有德乃得當之今王有德而當此寶恐不敢受王若遣之宋必有咎後雖悔之亦無及已元王大悅而喜於是元王向日而謝索隱曰蓋欲神之以謝天之質向日者天之光明著見者也再拜而受擇日齋戒甲乙最

良乃刑白雉及與驪羊以血灌龜於壇中央以刀剝之身全不傷脯酒禮之橫其腹腸荆支卜之必制其創正義曰音瘡理達於理文相錯迎使工占之所言盡當邦福重寶徐廣曰福音副藏也聞于傍鄉殺牛取革被鄭之桐徐廣曰牛革桐為鼓也草木畢分化為甲兵戰勝攻取莫如元王元王之時衞平相宋宋國最彊龜之力也故云神至能見夢於元王而不能自出漁者之籠身能十言盡當不能通使於河還報於江賢能令人戰勝攻取不能自解於刀鋒免剝刺之患聖能先知亟見而不能令

衛平無言言事百全至身而攣當時不利又焉事賢賢者有恒常士有適然是故明有所不見聽有所不聞人雖賢不能左畫方右畫圓日月之明而時蔽於浮雲羿名善射不如雄渠蠭門新序曰楚雄渠子夜行見伏石當道以爲虎而射之應弦沒羽淮南子曰射者重以逢蒙門子之巧劉歆七略有蠭門射法也禹名爲辯智而不能勝鬼神地柱折天故毋椽天奈何責人於全孔子聞之曰神龜知吉凶而骨直空枯正義曰凡龜其骨空中而枯也直語發聲也今河東亦然日爲德而君於天下辱於三足之烏月爲刑而相佐見食於蝦蟇蝟辱於鵲郭璞曰蝟能制虎見鵲仰地淮南萬畢曰鵲令蝟反腹者蝟憎其意而心惡之也騰蛇之神而殆於即且郭璞曰騰蛇龍屬也蝍蛆似蝗大腹食蛇腦也○正義曰即津日反且則餘反即吳公也狀如蚰蜒而大黑色竹外有節理中直空虛松栢爲百木長而守門閭日辰不全故有孤虛甲乙謂之日子丑謂之辰六甲孤虛法甲子旬中無戌亥戌亥即爲孤辰巳即爲虛甲戌旬中無申酉申酉爲孤寅卯爲虛甲申旬中無午未午未爲孤子丑即爲虛甲午旬中無辰巳辰巳爲孤戌亥即爲虛甲辰旬中無寅卯寅卯爲孤申酉即爲虛甲寅旬中無子丑子丑爲孤午未即爲虛劉歆七略有風后孤虛二十卷○正義曰按歲月日時孤虛並得上法也黃金有疵白玉有瑕事有所疾亦有所徐物有所拘亦有所據罔有所數亦有所踈人有所貴亦有所不如何可而適乎物安可全乎天尚不全故世爲屋不成三瓦而陳之徐廣曰一云爲屋成

欠三瓦而棟之也○索隱曰劉氏云陳猶居也注作棟音都貢反○正義曰言爲屋不成欠三瓦以應天猶陳列而居之

以應之天天下有階物不全正義曰言萬物及日月天地皆不能全喻龜之不全也乃生也

褚先生曰漁者舉網而得神龜龜自見夢宋元王元王召博士衞平告以夢龜狀平運式定日月分衡度視吉凶占龜與物色同平諫王留神龜以爲國重寶美矣古者筮必稱龜者以其令名所從來久矣余述而爲傳

三月　二月　正月正義曰言正月二月三月右轉周環終十二月者日月之龜腹下十二黑點爲十二月也若二十八宿龜也十二月　十一月中關內高外下

○正義曰此等下至首俛大者皆卜兆之狀也四月　首仰索隱曰音魚兩反○正義曰謂兆首仰起

足開　肣開索隱曰音琴肣謂兆足斂也　首俛大索隱曰俛音免兆首伏也

五月　橫吉　首俛大正義曰俛音免謂兆首伏而大

六月　七月　八月

九月　十月

卜禁曰子亥戌不可以卜及殺龜日中如食已卜暮昏龜之徼也索隱曰徼音叫謂徼繞不明也不可以卜庚辛可以殺及以鑽之常以月旦祓龜索隱曰祓音廢又音拂拂洗之以水雞卵摩之而呪先以清水澡之以卵祓之正義曰以常月朝清水洗之以雞卵摩而祝之乃持龜而遂之若常以爲祖徐廣曰一作視○索隱曰

祖法也言以爲常法人若已卜不中皆祓之以卯東向立灼
以荊若剛木土徐廣曰一作十一○索隱曰按古之灼龜取生荊枝及生堅木燒之斬斷以灼
龜按土字合依劉氏說當連下句卯指之者三正義曰言卜不中以土爲卯三度指之三周繞
之用厭不祥也持龜以卯周環之祝曰今日吉謹以粱
卯焍黃索隱曰粱米也卯雞子也焍龜木也音次第之第言燒荊枝更遆而灼故有焍名一音梯言灼之以
漸如有階梯也黃者以黃絹裹粱卵以祓龜也必以黃者中之色王土而信故用雞也○正義曰焍音題焍焦也言以粱
米雞卵祓去龜之不祥令灼之不焦不黃若色焦及黃卜之不中也祓去玉靈之不祥玉
靈必信以誠知萬事之情辯兆皆可占不信不
誠則燒玉靈揚其灰以徵後龜其卜必北向龜
甲必尺二寸

卜先以造徐廣曰音竈也灼鑽索隱曰造謂燒荊之爇物若木也鑽中已又灼
龜首各三又復灼所鑽中曰正身灼首曰正足
徐廣曰一作止各三即以造三周龜祝曰假之玉靈夫子
索隱曰尊神龜而爲之作號夫子玉靈荊灼而心令而先知而
上行於天下行於淵諸靈數莿徐廣曰音策○索隱曰數音所具反
莿音近策或莿是策之別名此卜筮之書其字亦無可覈他皆放此莫如汝信今日良日
行一良貞徐廣曰行一作身其欲卜某即得而喜不得而
悔即得發鄉我身長大手足收人皆上偶不得
發鄉我身挫折中外不相應手足滅去
靈龜卜祝曰假之靈龜五筮五靈不知神龜之

靈知人死知人生某身良某欲求某物即得也頭見足發內外相應即不得也頭仰足肣内外自隨可得占

卜占病者祝曰今某病困死首上開內外交駭身節折不死首仰足肣卜病者祟曰今病有祟無呈無祟有呈兆有中祟有內外祟有外

卜繫者出不出横吉安若出足開首仰有外

卜求財物其所當得得首仰足開內外相應即不得呈兆首仰足肣

卜有賣若買臣妾馬牛得之首仰足開內外相應不得首仰足肣呈兆若横吉安

卜擊盜聚若干人在某所今某將卒若干人往擊之當勝首仰足開身正內自橋外下不勝足肣首仰身首（徐廣曰一作簡）內下外高

卜求當行不行行首足開不行足肣首仰若横吉安安不行

卜往擊盜當見不見見首仰足肣有外不見足開首仰

卜往候盜見不見見首仰足肣肣勝有外不見

足開首仰
卜聞盜來不來來外高內下足肣首仰不來足
開首仰若橫吉安期之自次
卜遷徙去官不去去足開有肣外首仰不去自
去即足肣呈兆若橫吉安
卜居官尚吉不吉呈兆身正若橫吉安不吉身
節折首仰足開
卜居室家吉不吉吉呈兆身正若橫吉安不吉
身折節首仰足開
卜歲中禾稼孰不孰孰首仰足開內外自橋外

自垂不孰足肣首仰有外
卜歲中民疫不疫疫首仰足肣身節有彊外不
疫身正首仰足開
卜歲中有兵無兵無兵呈兆若橫吉安有兵首
仰足開身作外彊情
卜見貴人吉不吉吉足開首仰身正內自橋不
吉首仰身節折足肣有外若無漁
卜請謁於人得不得得首仰足開內自橋不得
首仰足肣有外
卜追亡人當得不得得首仰足肣內外相應不

得首仰足開若横吉安
卜漁獵得不得得首仰足開內外相應不得足
肣首仰若横吉安
卜行遇盜不遇遇首仰足開身節折外高內下
不遇呈兆
卜天雨不雨雨首仰有外外高內下不雨首仰
足開若横吉安
卜天雨霽不霽呈兆足開首仰不霽横吉命
曰横吉安以占病病甚者一日不死不甚者卜
曰瘳不死繫者重罪不出輕罪環出過一日不

出久毋傷也求財物買臣妾馬牛一日環得過
一日不得不得行者不行來者環至過食時不
至不來擊盜不行行不遇聞盜不來徙官不徙
居官家室皆吉歲稼不孰民疾疫無疾歲中無
兵見人行不行不喜請謁人不行不得追亡人
漁獵不得行不遇盜雨不雨霽不霽
命曰呈兆病者不死繫者出行者行來者來市
買得追亡人得過一日不得問行者不到
命曰柱徹卜病不死繫者出行者行來者來而
市買不得憂者毋憂追亡人不得

命曰首仰足肣有內無外占病病甚不死繫者解求財物買臣妾馬牛不得行者聞言不行來者不來聞盜不來聞言不至徙官聞言不徙居官有憂居家多灾歲稼中孰民疾疫多病歲中有兵聞言不開見貴人吉請謁不行不得善言追亡人不得漁獵不得行不遇盜雨不雨甚霽不霽故其莫字皆為首備問之曰備者仰也故定以為仰此私記也

命曰首仰足肣有內無外占病病甚不死繫者不出求財買臣妾不得行者不行來者不來擊

盜不見聞盜來內自驚不來徙官不徙居官家室吉歲稼不孰民疾疫有病甚歲中無兵見貴人吉請謁追亡人不得亡財物財物不出得漁獵不得行不遇盜雨不雨霽不霽凶

命曰呈兆首仰足肣以占病不死繫者未出求財物買臣妾馬牛不得行不行來不來擊盜不相見聞盜來不來徙官不徙居官久多憂居家室不吉歲稼不孰民病疫歲中毋兵見貴人不吉請謁不得漁獵得少行不遇盜雨不雨霽不霽不吉

命曰呈兆首仰足開以占病病篤死繫囚出求財物買臣妾馬牛不得行者行來者來擊盜不見盜聞盜來不來徙官徙居官不久居家室不吉歲稼不孰民疾疫有而少歲中無兵見貴人不見吉請謁追亡人漁獵不得行遇盜雨不雨霽小吉

命曰首仰足肣以占病不死繫者久毋傷也求財物買臣妾馬牛不得行者不行擊盜不行來者來聞盜來徙官聞言不徙居家室不吉歲稼不孰民疾疫少歲中毋兵見貴人得見請謁追亡人漁獵不得行遇盜雨不雨霽不霽吉

命曰首仰足開有內以占病者死繫者出求財物買臣妾馬牛不得行者行來者來擊盜行不見盜聞盜來不來徙官徙居官不久居家室不吉歲孰民疾疫有而少歲中毋兵見貴人不吉請謁追亡人漁獵不得行不遇盜雨霽霽小吉不霽吉

命曰橫吉內外自橋以占病卜曰毋瘳死繫者毋罪出求財物買臣妾馬牛得行者行來者來擊盜合交等聞盜來來徙官徙居家室吉歲孰

擊盜合交等聞盜來來徙官徙居官家室吉
毋罪出求財物買臣妾馬牛得行者行來者來
命曰橫吉內外自以占病者一日毋瘳死
不霽吉
請謁追亡人漁獵不得行不遇盜雨霽霽小吉
吉歲孰民疾疫有病歲中毋兵見貴人不吉
見盜聞盜來不來徙官不徙居官家室不吉
求買臣妾馬牛不得行者行來者不來擊盜不
命曰首仰足開有內以占病者死繫者出求
亡人漁獵不得行遇盜雨不雨霽不霽吉

不孰民疾疫歲中毋兵見貴人得見請謁
者來聞盜來徙官聞言不徙居家室不吉
財物買臣妾馬牛不得行者不行擊盜不行
命曰首仰足肣以占病不死繫者久毋傷
霽小吉
不見吉請謁追亡人漁獵不得行遇盜雨不
吉歲稼不孰民疾疫有病歲中毋兵見貴
見盜聞盜來不來徙官不徙居官家室
財物買臣妾馬牛不得行者行來者來擊盜不
命曰呈兆首仰足開以占病不死繫者出求

民疫無疾歲中無兵見貴人請謁追亡人漁獵
得行遇盜雨霽霽雨霽大吉
命曰橫吉內外自吉以占病病者死繫不出求
財物買臣妾馬牛追亡人漁獵不得行者不來
擊盜不相見聞盜不來徙官徙居官有憂居家
室見貴人請謁不吉歲稼不孰民疾疫歲中無
兵行不遇盜雨不雨霽不霽不吉
命曰漁人以占病者病者甚不死繫者出求財
物買臣妾馬牛擊盜請謁追亡人漁獵得行者
行來聞盜來不來徙官不徙居家室吉歲稼不
孰民疾疫歲中毋兵見貴人吉行不遇盜雨不
雨霽不霽吉
命曰首仰足肣內高外下以占病病者甚不死
繫者不出求財物買臣妾馬牛追亡人漁獵得
行不行來者來擊盜勝徙官不徙居官有憂無
傷也居家室多憂病歲大孰民疾疫歲中有兵
不至見貴人請謁不吉行遇盜雨不雨霽不霽
吉
命曰橫吉上有仰下有柱病久不死繫者不出
求財物買臣妾馬牛追亡人漁獵不得行不行

[illegible]

[illegible]

來不來擊盜不行行不見聞盜來不來徙官不徙居家室見貴人吉歲大孰民疾疫歲中毋兵行不遇盜雨不雨霽不霽大吉

命曰横吉榆仰以占病不死繫者不出求財物買臣妾馬牛至不得行不行來不來擊盜不行行不見聞盜來不來徙官不徙居官家室見貴人吉歲孰歲中有疾疫毋兵請謁追亡人不得漁獵至不得行不得行不遇盜雨霽不霽小吉

命曰横吉下有柱以占病病甚不環有瘳無死繫者出求財物買臣妾馬牛請謁追亡人漁獵不得行來不來擊盜不合聞盜來來徙官居官吉不久居家室不吉歲不孰民毋疾疫歲中毋兵見貴人吉行不遇盜雨不雨霽小吉

命曰載所以占病環有瘳無死繫者出求財物買臣妾馬牛請謁追亡人漁獵得行者行來者來擊盜相見不相合聞盜來來徙官徙居家室憂見貴人吉歲孰民毋疾疫歲中毋兵行不遇盜雨不雨霽霽吉

命曰根格以占病者不死繫久毋傷求財物買臣妾馬牛請謁追亡人漁獵不得行不行來不

來擊盜盜行不合聞盜不來徙官不徙居家室吉歲稼中民疾疫無死見貴人不得見行不遇盜雨不雨大吉

命曰首仰足肣外高內下卜有憂無傷也行者不來病久死求財物不得見貴人者吉

命曰外高內下卜病不死有祟市買不得居官家室不吉行者不行來者不來繫者久毋傷吉

命曰頭見足發有內外相應以占病者起繫者出行者行來者來求財物得吉

命曰呈兆首仰足開以占病病甚死繫者出有憂求財物買臣妾馬牛請謁追亡人漁獵不得行不行來不來擊盜不合聞盜來來徙官居官家室不吉歲惡民疾疫無死歲中毋兵見貴人不吉行不遇盜雨不雨霽不吉

命曰呈兆首仰足開外高內下以占病不死有外祟繫者出有憂求財物買臣妾馬牛相見不會行來聞言不來擊盜盜勝聞盜來不來徙官居官家室見貴人不吉歲中民疾疫有兵請謁追亡人漁獵不得聞盜遇盜雨不雨霽凶

命曰首仰足肣身折內外相應以占病病甚不
死繫者久不出求財物買臣妾馬牛漁獵不得
行不行來不來擊盜有用勝聞盜來來徙官不
徙居官家室不吉歲不孰民疾疫歲中有兵不
至見貴人喜請謁追亡人不得遇盜凶
命曰內格外垂行者不行來者不來病者死繫
者不出求財物不得見人不見大吉
命曰橫吉內外相自橋榆仰上柱上柱足肣
以占病病甚不死繫久不抵罪求財物買臣妾
馬牛請謁追亡人漁獵不得行不行來不來居

官家室見貴人吉徙官不徙歲不大孰民疾疫
有兵有兵不會行遇盜聞言不見雨不雨霽霽
大吉
命曰頭仰足肣內外自隨上憂病者甚不死居
官不得居行者行來者不來求財物不得求人
不得吉
命曰橫吉下有柱卜來者來卜日即不至未來
卜病者過一日毋瘳死行者不行求財物不得
繫者出
命曰橫吉內外自舉以占病者久不死繫者久

不出求財物得而少行者不行來者不來見貴
人見吉
命曰內高外下疾輕足發求財物不得行者行
病者有瘳繫者不出來者來見貴人不見吉
命曰外格求財物不得行者不行來者不來繫
者不出不吉病者死求財物不得見貴人見吉
命曰內自舉外來正足發者行來者來求財物
得病者久不死繫者不出見貴人見吉
此橫吉上柱外內自舉足肣以卜有求得病
不死繫者毋傷未出行不行來不來見人不見

百事盡吉
此橫吉上柱外內自舉柱足以作以卜有求得
病死環起繫留毋傷環出行不行來不來見人
不見百事吉可以舉兵
此挺詐有外以卜有求不得病不死數起繫禍
罪聞言毋傷行不行來不來
此挺詐有內以卜有求不得病不死數起留禍
罪無傷繫出行不行來者不來見人不見
此挺詐內外自舉以卜有求得病不死繫毋罪
行行來來田賈市漁獵盡喜

此狐狢以有卜求不得病死難起繫留毋罪難出可居宅可娶婦嫁女行不行來不來見人不見有憂不憂

此狐徹以卜有求不得病者死繫留有抵罪行不行來不來見人不見言語定百事盡不吉

此首俯足肣身節折以卜有求不得病者死留繫有罪望行者不來行行來不來見人不見

此挺內外自垂以卜有求不晦病不死難起繫留毋罪難出行不行來不來見人不見不吉

此橫吉榆仰首俯以卜有求難得病難起不死繫難出毋傷也可居家室以娶婦嫁女

此橫吉上柱載正身節折內外自舉以卜病者卜日不死其一日乃死

此橫吉上柱足肣內自舉外自垂以卜病者卜日不死其一日乃死

爲人病首俯足詐有外無內病者占龜未已急死卜輕失大一日不死

首仰足肣以卜有求不得以繫有罪人言語恐之毋傷行不行見人不見

大論曰索隱曰按褚先生所取太卜雜占卦體及命召之辭義蕪辭重殆無足採凡此六十七條別是也

外者人也內者自我也外者女也內者男也首俛者憂大者身也小者枝也大法病者足肣者生足開者死行者足開至足肣者不至行者足肣不行足開行有求足開得足肣者不得繫者足肣不出開出其卜病也足開而死者內高而外下也

索隱述贊曰

三王異龜　五帝殊卜　或長或短
若尾若玉　其記已亡　其繇後續
江使觸網　見留宋國　神能託夢
不衛其足

龜策列傳第六十八　史記一百二十八

貨殖列傳第六十九　　史記一百二十九

索隱曰論語云賜不受命而貨殖焉廣雅云殖立也孔安國註尚書云殖生也生資貨財利也

老子曰至治之極鄰國相望正義曰音亡雞狗之聲相聞民各甘其食美其服安其俗樂其業至老死不相往來必用此爲務輓近世塗民耳目則幾無行矣索隱曰輓音晚古字通用

太史公曰夫神農以前吾不知已至若詩書所述虞夏以來耳目欲極聲色之好口欲窮芻豢之味身安逸樂而心誇矜勢能之榮使俗之漸民久矣雖戶說以眇論終不能化索隱曰眇音妙論如字故

善者因之其次利道之其次教誨之其次整齊之最下者與之爭夫山西饒材竹穀纑徐廣曰紵屬可以爲布○索隱曰穀音谷雒反穀木名皮可爲紙纑山中紵可以爲布音盧紵音佇今山間野紵亦作苧旄玉石山東多魚鹽漆絲聲色江南出枏梓索隱曰南子二音薑桂金錫連徐廣曰音蓮鉛之未鍊者丹沙犀瑇瑁珠璣齒革龍門碣石正義曰龍門山在徐州龍門縣碣石山在平州盧龍縣北多馬牛羊旃裘筋角銅鐵則千里往往山出棊置索隱曰言如置棊子往往有之○正義曰言出銅鐵之山方千里如圍棊之置也管子云凡天下名山五千二百七十出銅之山四百六十七出鐵之山三千六百有九山上有赭其下有鐵山上有鉛其下有銀山上有銀其下有丹山上有磁石其下有金也此其大較也索隱曰較音角大較猶大略也皆中國人民所喜好謠俗

大數也 [illegible] 施於中國人莫知其[illegible]

[illegible]

被服飲食奉生送死之具也故待農而食之虞而出之工而成之商而通之此寧有政教發徵期會哉人各任其能竭其力以得所欲故物賤之徵貴（索隱曰徵者求也謂此処物賤求彼貴賣之）貴之徵賤各勸其業樂其事若水之趨下日夜無休時不召而自來不求而民出之豈非道之所符而自然之驗邪（索隱曰符謂合於道也）周書曰農不出則乏其食工不出則乏其事商不出則三寶絕虞不出則財匱少財匱少而山澤不辟矣（索隱曰辟音闢辟開也通也）此四者民所衣食之原也原大則饒原小則鮮上則富國下

則富家貧富之道莫之奪予（索隱曰予音與言貧富自由无奪予也）而巧者有餘拙者不足故太公望封於營丘地潟鹵（徐廣曰潟音昔潟鹵鹹地也）人民寡於是太公勸其女功極技巧通魚鹽則人物歸之繈至而輻湊故齊冠帶衣履天下海岱之間斂袂而往朝焉（索隱曰言齊既富饒能冠帶天下豐厚被於他邦故海岱之間斂袂而朝齊言趨利者也）其後齊中衰管子修之設輕重九府（正義曰管子云輕重謂錢也夫治民有輕重之法周有太府玉府內府外府天府職內職金皆掌財幣之官故云九府也）則桓公以霸九合諸侯一匡天下而管氏亦有三歸位在陪臣富於列國之君是以齊富彊至於威宣也故曰倉廩實而知禮

節衣食足而知榮辱禮生於有而廢於無故君子富好行其德小人富以適其力淵深而魚生之山深而獸往之人富而仁義附焉富者得勢益彰失勢則客無所之以而不樂夷狄益甚諺曰千金之子不死於市此非空言也故曰天下熙熙皆爲利來天下壤壤皆爲利往夫千乘之王萬家之侯百室之君尚猶患貧而况匹夫編戶之民乎

昔者越王勾踐困於會稽之上乃用范蠡計然徐廣曰計然者范蠡之師也名研故諺曰研桑心筭駰案范子曰計然者葵丘濮上人姓辛氏字文子其先晉國亡公子也嘗南游於越范蠡師事之○索隱曰韋昭云計然范蠡師也蔡謨云蠡所著書名計然盖非也吴越春秋謂之計倪漢書古今人表計然列在第四則倪之與研是一人聲相近而相亂耳計然曰知鬭則修備時用則知物索隱曰言知時所用之物二者形則萬貨之情可得而觀已故歲在金穰水毀木饑火旱索隱曰五行不說土者土穰也旱則資舟水則資車索隱曰國語大夫種曰賈人旱資舟水資車以待也物之理也六歲穰六歲旱十二歲一大饑夫糶二十病農九十病末索隱曰言米賤則農人病也故云病農若米斗直九十則商賈病故云病末末謂逐末爲商賈也末病則財不出農病則草不辟矣上不過八十下不減三十則農末俱利平糶齊物關市不乏治國之道也積著之理索隱曰著音張呂反務

完物無息幣索隱曰久停息貨物則無利以物相貿易腐敗而
食之貨勿留無敢居貴論其有餘不足則知貴
賤貴上極則反賤賤下極則反貴貴出如糞土
賤取如珠玉索隱曰夫物極貴必賤極賤必貴貴出如糞土者既極貴後恐其必賤故乘時出之如糞
土賤取如珠玉者既極賤後恐其必貴故乘時取之如珠玉此所以爲貨殖也財幣欲其行如
流水修之十年國富厚賂戰士士赴矢石如渴
得飲遂報彊吳觀兵中國稱號五霸范蠡既雪
會稽之恥乃喟然而歎曰計然之策七越用其
五而得意既已施於國吾欲用之家乃乘扁舟
漢書音義曰特舟也○索隱曰扁音篇又音符殄反國語云范蠡乘輕舟浮於江湖正義曰國語云勾踐

滅吳及至五湖范蠡辭於王曰君王勉之臣不復入國矣遂乘輕舟以浮於五湖莫知其所終極變名易
姓適齊爲鴟夷子皮索隱曰大顏云若盛酒之鴟夷也用之則多所容納不用則可卷而懷之
不忤於物也按韓子云鴟夷子皮事田成子成子去齊之燕子皮乃從之蓋是范蠡也之陶正義曰括地志云陶
陶山在濟州平陽縣東三十五里陶山之陽也今南五里猶有朱公冢又云曹州濟陽縣東南三里有陶朱公冢又云在
南郡華容縣西末詳也爲朱公索隱曰服虔云陶今定陶也朱公以爲陶天
下之中諸侯四通貨物所交易也乃治産積居
與時逐漢書音義曰逐時而居貨○索隱曰韋昭云隨時逐利也而不責於人索隱
曰按謂擇人而與人不負之故云不責於人也故善治生者能擇人而任時
十九年之中三致千金再分散與貧交疏昆弟
此所謂富好行其德者也後年衰老而聽子孫

子孫脩業而息之遂至巨萬徐廣曰萬萬也故言富者
皆稱陶朱公
子贛既學於仲尼退而仕於衛發著鬻財於曹
魯之間徐廣曰子贛傳云發居著猶居也著讀音如貯○索隱曰漢書亦作貯說文云貯積也七十
子之徒賜最為饒益原憲不厭糟糠索隱曰厭飽也匿於
窮巷子貢結駟連騎束帛之幣以聘享諸侯所
至國君無不分庭與之抗禮夫使孔子名布揚
於天下者子貢先後之也此所謂得勢而益彰
者乎
白圭周人也當魏文侯時李克務盡地力索隱曰案

漢書食貨志李悝為魏文侯作盡地力之教國以富彊今此及漢書言克皆誤也劉向別錄則云李悝也而白
圭樂觀時變故人棄我取人取我與夫歲孰取
穀予之絲漆繭出取帛絮與之食索隱曰食謂穀也太陰
在卯穰正義曰太陰歲後二辰為太陰明歲衰惡至午旱明歲美
至酉穰明歲衰惡至子大旱明歲美有水至卯
積著率正義曰貯律二音歲倍欲長錢取下穀長石斗取
上種能薄飲食忍嗜欲節衣服與用事僮僕同
苦樂趨時若猛獸摯鳥之發故曰吾治生產猶
伊尹呂尚之謀孫吳用兵商鞅行法是也是故
其智不足與權變勇不足以決斷仁不能以取

子彊不能有所守雖欲學吾術終不告之矣蓋天下言治生祖白圭白圭其有所試矣能試有所長非苟而已也

猗頓用盬鹽起孔叢曰猗頓魯之窮士也耕則常飢桑則常寒聞朱公富往而問術焉朱公告之曰子欲速富當畜五牸於是乃適西河大畜牛羊于猗氏之南十年之間其息不可計貲擬王公馳名天下以興富於猗氏故曰猗頓○索隱曰盬音古按周禮盬人云共苦盬杜子春以爲苦讀如盬盬謂出盬直用不練也一說云盬盬河東大盬散鹽東海煑水爲盬也○正義曰按猗氏蒲州縣也河東鹽池是畦盬作畦若種韭一畦天雨下池中鹹淡得均即畎池中水上畔中深一尺許以日暴之五六日則成盬若白礬石大小如雙陸及暮則呼爲畦盬或有花盬緣黃河盬池有八九所而盬州有烏池猶出三色盬有井鹽畦盬花鹽其池中鑿井深一二尺去泥即到盬掘取若至一丈則著平石無盬矣其色或白或青黑名曰井盬畦盬若河東者花盬池中有下隨而大小成盬其下方微空上頭隨雨下池中其

滴高起若𦵏子形處曰花盬赤白即成鹽焉池中心有泉井水淡所作池人馬盡汲此井其鹽四分入官一分入百姓也池中又鑿得盬塊闊一尺餘高二尺白色光明洞徹年貢之也而邯鄲郭縱以鐵冶成業與王者埒富

烏氏倮韋昭曰烏氏縣名屬安定倮名也○索隱曰漢書作嬴烏氏姓氏音支倮音魯可反○正義曰縣古城在涇州安定縣東四十里倮名也畜牧及衆斥賣求奇繒物間獻遺戎王徐廣曰間一作奸不以公正謂之奸也○索隱曰謂畜牧及至衆多之時斥而賣之以求奇物也間獻猶私獻也戎王什倍其償與之畜索隱曰謂戎王償之牛羊十倍也畜至用谷量馬牛韋昭曰滿谷則具不復數○索隱曰谷音欲秦始皇帝令倮比封君以時與列臣朝請而巴蜀寡婦清索隱曰漢書作巴寡婦清巴寡婦之邑清其名其先得丹穴徐廣曰涪陵出丹○正義曰括地志云寡

婦清臺山俗名貞女山在涪州永安縣東北七十里也而擅其利數世家亦不
訾正義曰音子兒反言貲財衆多不可訾量一云清多以財餉遺四方用衛其業故財亦不多積聚清寡
婦也能守其業用財自衛不見侵犯秦皇帝以
爲貞婦而客之爲築女懷清臺夫倮鄙人牧長
清窮鄉寡婦禮抗萬乘名顯天下豈非以富邪
漢興海內爲一開關梁弛山澤之禁是以富商
大賈周流天下交易之物莫不通得其所欲而
徙豪傑諸侯彊族於京師關中自汧雍以東至
河華膏壤沃野千里自虞夏之貢以爲上田而
公劉適邠大王王季在岐文王作豐武王治鎬

故其民猶有先王之遺風好稼穡殖五穀地重
索隱曰言重於耕稼也重爲邪索隱曰重音逐隴反重者難也畏言不敢爲奸邪○正義曰重並逐拱反
言關中地重厚民亦重難不爲邪惡及秦文孝繆居雍隙徐廣曰隙者間孔也地居
隴蜀之間要路故曰隙正義曰雍縣岐州雍縣也隴蜀之貨物而多賈索隱曰賈
音古獻孝公徙櫟邑徐廣曰在馮翊○索隱曰櫟音藥即櫟陽櫟邑北卻
戎翟東通三晉亦多大賈武昭治咸陽因以漢
都長安諸陵四方輻湊並至而會地小人衆故
其民益玩巧而事末也南則巴蜀巴蜀亦沃野
地饒巵徐廣曰音支烟支也紫赤色也薑丹沙石銅鐵徐廣曰邛都出銅臨邛出
鐵竹木之器南御滇僰僰僮西近邛笮笮馬旄

牛然四塞棧道千里無所不通唯襃斜綰轂其口徐廣曰在漢中○索隱曰言襃斜道狹綰其道口有若車轂之湊故云綰轂也以所多易所鮮索隱曰易音亦鮮音尠言以所多易其所少天水隴西北地上郡與關中同俗然西有羌中之利北有戎翟之畜畜牧爲天下饒然地亦窮險唯京師要其道正義曰要音要言要束其路也故關中之地於天下三分之一而人衆不過什三然量其富什居其六昔唐人都河東徐廣曰堯都晉陽也殷人都河內正義曰盤庚都殷墟地屬河內也周人都河南正義曰周自平王已下都洛陽夫三河在天下之中若鼎足王者所更居也建國各數百千歲土地小狹民人衆

都國諸侯所聚會故其俗纖儉習事楊平陽陳西賈秦翟正義曰賈音古秦關內也翟隰石等州部落稽也延綏銀三州皇白翟所居北賈種代正義曰上之勇反種在恒州石邑縣北盖蔚州也代今代州種代石北也徐廣曰石邑縣也在常山○索隱曰楊平陽二邑名在趙之西陳盖衍字以下有陽平陽陳掾因此衍也言二邑之人皆西賈於秦翟北賈於種代種代在石邑之北也地邊胡數被寇人民矜懻忮晉灼曰懻音慨忮音堅忮瓚曰懻音慨今以土名彊直爲懻中也○索隱曰懻音冀忮音寘好氣任俠爲姦不事農商然迫近北夷師旅亟往中國委輸時有奇羨索隱曰奇音羈羨音弋戰反奇羨謂時有餘衍也其民羯羠不均徐廣曰羠音兕一音因几反皆健羊名○索隱曰羯音己紇反羠音慈紀反言其方人姓若羊捷捍而不均也自全晉之時固已患其慓悍而武靈王益厲之其謠

俗猶有趙之風也故楊平陽陳掾其間得所欲索隱曰掾音逐緣反陳掾猶經營馳逐也溫軹西賈上黨正義曰澤潞等州也北賈趙中山索隱曰溫軹二縣名屬河內。正義曰洛州及定州中山地薄人衆猶有沙丘紂淫地餘民晉灼曰言地薄人衆猶復有沙丘紂淫地餘民通係之於淫風而言之。正義曰沙丘在邢州也民俗懁急徐廣曰懁急也音絹一作儇一作惠音翾也仰機利而食丈夫相聚游戲悲歌忼慨起則相隨椎剽索隱曰椎即椎煞人而剽掠之休則掘冢作巧姦冶徐廣曰一作蠱多美物徐廣曰美一作弄一作推爲倡優女子則鼓鳴瑟跕屣徐廣曰跕音怗張晏曰跕屣也蹟曰躡跟爲跕也。索隱曰屣音所綺反游媚貴富入後宮徧諸侯然邯鄲亦漳河之閒正義曰洛水本名彰水邯鄲在其地一都會也

北通燕涿南有鄭衛鄭衛俗與趙相類然近梁魯微重而矜節徐廣曰矜一作務濮上之邑徙野王徐廣曰衛君角徙野王。正義曰秦拔衛濮陽徙其君於懷州野王野王好氣任俠衛之風也

夫燕亦勃碣之閒正義曰勃海碣石在西北一都會也南通齊趙東北邊胡上谷至遼東地踔遠索隱曰劉氏踔音卓一音勑教反亦遠騰貌也人民希數被寇大與趙代俗相類而民雕捍少慮索隱曰言如雕性之捷捍也有魚鹽棗栗之饒北鄰烏桓夫餘索隱曰鄰一作臨臨者亦却背之義他並類此東綰穢貉朝鮮真番之利索隱曰綰者綰統其要津則上云臨者謂却背之也。正義曰番音潘

洛陽東賈齊魯南賈梁楚故泰山之陽則魯其

陰則齊。齊帶山海徐廣曰齊世家曰齊自泰山屬之琅邪北被于海膏壤二千里其民闊達多匿智膏壤千里宜桑麻人民多文綵布帛魚鹽
臨菑亦海岱之間一都會也其俗寬緩闊達而
足智好議論地重難動搖怯於衆鬬勇於持刺
故多劫人者大國之風也其中具五民服虔曰士農商工賈也如淳曰游子樂其俗不復歸故有五方之民而鄒魯濱洙泗猶有周公遺
風俗好儒備於禮故其民齪齪索隱曰齪音則角反又音惻斷反頗
有桑麻之業無林澤之饒地小人衆儉嗇畏罪
遠邪及其衰好賈趨利甚於周人夫自鴻溝以東徐廣曰在滎陽
芒碭以北徐廣曰今為臨淮屬巨野正義曰鄆州鉅野縣在鉅野澤也

此梁宋也徐廣曰今陶之浚儀○正義曰鴻溝以東芒碭以北至鉅野梁宋二國之地陶睢
陽正義曰今曹州睢陽今宋州宋地也亦一都會也徐廣曰今之定陶昔堯作
游成陽如淳曰作起也成陽在定陶舜漁於雷澤徐廣曰在成陽○正義曰澤在
雷澤縣西北也湯止于亳徐廣曰今梁國薄縣○正義曰宋州穀熟縣西南四十五里南亳州故城是也
其俗猶有先王遺風重厚多君子好稼穡雖無
山川之饒能惡衣食致其蓄藏越楚則有三俗
正義曰越滅吳則有江淮以北楚滅越兼有吳越之地故言越楚也夫自淮北沛陳汝南
南郡此西楚也正義曰沛徐州沛縣也陳今陳州也汝汝州也南郡今荊州也言從沛郡西至
荊州並西楚也其俗剽輕易發怒地薄寡於積聚江陵
故郢都正義曰荊州江陵縣故為郢楚之都西通巫巴正義曰巫郡巴郡在江陵之西也

東有雲夢之饒徐廣曰在華容陳在楚夏之交正義曰夏都計陽城
言陳南則楚西及北則夏故云楚夏之交通魚鹽之貨其民多賈徐僮取
慮徐廣曰皆在下邳○正義曰取音秋慮音閭徐即徐城故徐國也僮取慮二縣並在下邳今泗州則清
刻矜己諾正義曰上音紀彭城以東東海吳廣陵此東楚
也正義曰彭城徐州治縣也東海郡今海郡也吳蘇州也廣陵揚州也言從徐州彭城歷揚州至蘇州並東楚之地
其俗類徐僮朐繒以北俗則齊正義曰朐其俱反縣在海州故繒縣在沂
州之承縣言二縣之北風俗同於齊浙江南則越夫吳自闔廬春申
王濞三人招致天下之喜游子弟東有海鹽之
饒章山之銅三江五湖之利亦江東一都會也
衡山徐廣曰都邾邾縣屬江夏○正義曰故邾城在潭州東南百二十里九江正義曰九江郡都陰

陵陰陵故城在濠州定遠縣西六十五里江南徐廣曰高帝所置江南者丹陽也秦置爲鄣郡武帝改名丹陽○正
義曰案徐說非秦置鄣郡在湖州長城縣西南八十里鄣郡故城是也漢改爲丹陽郡徙郡宛城今宣州地也上言吳有
章山之銅明是東楚之地此言大江之南豫章長沙二郡南楚南楚之地耳徐裴以爲江南丹陽郡屬南楚誤之甚矣
豫章正義曰今洪州也長沙正義曰今潭州也十三州志云有萬里沙祠而西自湘州至東萊萬
里故曰長沙也淮南衡山九江二郡及江南豫章長沙二郡並爲楚也
類西楚郢之後徙壽春正義曰楚考烈王二十二年自陳徙都壽春號之曰郢故
言郢之徙壽春也亦一都會也而合肥受南北潮正義曰合肥縣廬州
治也言江淮之潮南北俱至廬州也皮革鮑木輸會也與閩中干越
雜俗徐廣曰在臨淮故南楚好辭巧說少信江南卑溼
丈夫早夭多竹木豫章出黃金徐廣曰鄱陽有之○正義曰括地志云

江州潯陽縣有黃金山山出金長沙出連錫然菫菫正義曰音謹物之
所有取之不足以更費應劭曰菫少也更償也言金少少耳取之不足用故費用
也九疑徐廣曰山在營道縣南蒼梧以南至儋耳者正義曰今儋州在海
中廣州南去京七千餘里言嶺南至儋耳之地與江南大同俗而揚州之南越民多焉與江南大同
俗而楊越多焉番禺正義曰潘虞二音今廣州亦其一都會也
珠璣犀瑇瑁果布之湊韋昭曰果謂龍眼離支之屬布葛布
潁川南陽夏人之居也徐廣曰禹居陽翟○正義曰禹居陽城潁川南陽皆夏地
也夏人政尚忠朴猶有先王之遺風潁川敦愿
秦末世遷不軌之民於南陽南陽西通武關鄖
關徐廣曰按漢中亦作隕字○索隱曰鄖音雲○正義曰武關在商州地理志云宛西通武關而無鄖關蓋鄖當

爲徇徇水上有關在金州洵陽縣徐按漢中是也徇亦作郇與鄖相似也東南受漢江淮宛
亦一都會也俗雜好事業多賈其任俠交通潁
川故至今謂之夏人夫天下物所鮮所多人民
謠俗山東食海鹽山西食鹽正義曰謂西方鹹地也堅且鹹即出石鹽及地
鹽鹵領南沙北正義曰謂池漢之北也固往往出鹽大體如
此矣總之楚越之地地廣人希飯稻羹魚或火
耕而水耨徐廣曰乃遘反除草也○正義曰言風草下種苗生大而草生小以水灌之則草死而苗無損
也耨除草也果隋徐廣曰地理志作蓏○索隱曰隋音徒火反蓏音郎果反蠃蛤正義曰隋今爲
搖音同上古少字也蠃力和反果搖猶搖疊包裹也今楚越之俗尚有裹搖之語楚越水鄉足螺魚鱉民多採捕積聚搖
疊包裹煮而食之班固不曉裹搖之方言修太史公書述地云乃故云果蓏蠃蛤非太史公意班氏失之也不待

賈而足 正義曰賈音古言楚越地勢饒食不用他賈而自足無饑饉之患 地勢饒食無
飢饉之患以故呰窳 徐廣曰音紫呰窳苟且墮嬾之謂也駰案應劭曰呰弱也晉灼曰窳病也○索隱曰窳音庾○正義曰按食螺蛤等物故多羸弱而足病也淮南子云古者民食蠃蚌之肉多疹毒之患也
偷生無積聚 正義曰言江淮以南有水族民多食物朝夕取給以偷生而已不為積聚乃多貧也
而多貧是故江淮以南無凍餓之人亦無千金
之家沂泗水以北宜五穀桑麻六畜地小人眾
數被水旱之害民好畜藏故秦夏梁魯好農而
重民三河宛陳亦然加以商賈齊趙設智巧仰
機利燕代田畜而事蠶由此觀之賢人深謀於
廊廟論議朝廷守信死節隱居巖穴之士設為

名高者安歸乎歸於富厚也是以廉吏久久更
富廉賈歸富 歸者取利而不停貨也 富者人之情性所不
學而俱欲者也故壯士在軍攻城先登陷陣卻
敵斬將搴旗前蒙矢石不避湯火之難者為重
賞使也其在閭巷少年攻剽椎埋劫人作姦掘
冢鑄幣任俠并兼借交報仇篡逐幽隱不避法
禁走死地如騖 徐廣曰騖一作流 其實皆為財用耳今
夫趙女鄭姬設形容揳鳴琴揄長袂躡利屣 徐廣曰揄音臾躡一作跕跕音吐協反屣音山耳反舞屣也 目挑 正義曰田鳥反 心招出不遠
千里不擇老少者奔富厚也游閑公子飾冠劍

連車騎亦爲富貴容也弋射漁獵犯晨夜冒霜雪馳阬谷不避猛獸之害爲得味也博戲馳逐鬬雞走狗作色相矜必爭勝者重失負也醫方諸食技術之人焦神極能爲重糈也吏士舞文弄法刻章僞書不避刀鋸之誅者沒於賂遺也農工商賈畜長固求富益貨也此有知盡能索耳終不餘力而讓財矣諺曰百里不販樵千里不販糴居之一歲種之以穀十歲樹之以木百歲來之以德德者人物之謂也今有無秩祿之奉爵邑之入而樂與之比者命曰素封 索隱曰謂無爵邑之入祿秩之奉則曰素封素空也○正義曰言不仕之人自有園田收養之給其利比於封君故曰素封也 封者食租稅歲率 正義曰音律 戶二百千戶之君則二十萬 索隱曰戶率二百故千戶二十萬 朝覲聘享出其中庶民農工商賈率亦歲萬息二千戶百萬之家則二十萬 索隱曰息二千故百萬之家亦二十萬 而更傜租賦出其中衣食之欲恣所好美矣故曰陸地牧馬二百蹄 漢書音義曰五十四○索隱曰按馬有四足二百蹄有五十四也漢書則云馬蹄躈千所記各異 牛蹄角千 漢書音義曰百六十七頭也馬貴而牛賤以此爲率 千足羊澤中千足彘 韋昭曰二百五十頭 水居千石魚陂 徐廣曰魚以斤兩爲計也○索隱曰陂音陂漢書作波音同○正義曰言陂澤養魚一歲收得千石魚賣也 山居千章之材 徐廣曰一作楸駰案韋昭曰楸木所以爲輚音秋○索隱曰漢書作

千章之萩服虔云章方也故孟康亦云言任方章者千枚謂章大材也樂彥云萩梓木也可以爲轅者安邑千樹棗燕秦千樹栗蜀漢江陵千樹橘淮北常山已南河濟之間千樹萩陳夏千畝漆齊魯千畝桑麻渭川千畝竹及名國萬家之城帶郭千畝畝鍾之田徐廣曰六斛四斗也若千畝卮茜徐廣曰卮音支鮮支也茜音倩一名紅藍其花染繒赤黃也千畦薑韭徐廣曰千畦二十五畝駰案韋昭曰畦猶壠此其人皆與千戶侯等然是富給之資也不窺市井不行異邑坐而待收身有處士之義而取給焉若至家貧親老妻子軟弱歲時無以祭祀進醵飲食徐廣曰會聚食○索隱曰醵音渠略反被服不足以自通如此

不慙恥則無所比矣是以無財作力少有鬬智正義曰言少有錢財則鬬智巧而求勝也既饒爭時正義曰既饒足錢財乃逐時爭利也此其大經也今治生不待危身取給則賢人勉焉是故本富爲上末富次之姦富最下無巖處奇士之行而長貧賤好語仁義亦足羞也

凡編戶之民富相什則卑下之伯則畏憚之千則役萬則僕物之理也夫用貧求富農不如工工不如商刺繡文不如倚市門此言末業貧者之資也通邑大都酤一歲千釀正義曰釀千瓮酤醯醋二云酒酤醯醬千瓨徐廣曰長頸甖○索隱曰瓨音閑江反醬千甔徐廣曰大甖缶缶○索隱曰音都

甘反漢書作儋孟康曰儋石甖石甖受一石故云儋石一音都濫反屠牛羊彘千皮販穀
糶千鍾徐廣曰出穀也糶音掉也薪稾千車船長千丈索隱曰揔積數長千
丈木千章漢書音義曰洪洞方槀章材也舊將作大匠掌材曰章曹掾○索隱曰洪音胡孔反洞音動又
並如字竹竿萬个徐廣曰古賀反○正義曰釋名云竹曰个木曰枚其軺車百
乘徐廣曰馬車也○正義曰上音遙說文云軺小車也牛車千兩正義曰車一乘為一兩風俗通
云箱轅及輪兩兩而偶之稱兩也木器髤者千枚徐廣曰髤音休漆也○正義曰顏云
以漆物謂之髤又音許昭反今關東俗器物一再漆者謂之稍漆即髤聲之轉耳今關西俗云里髤盤朱兩義並通銅
器千鈞徐廣曰三十斤素木鐵器若卮茜千石徐廣曰百二十斤為
石駰案漢書音義曰素木素器也馬蹄躈千徐廣曰躈苦弔反馬八髎音料○索隱曰埤蒼云尻
骨謂八髎一曰夜蹄小顏云躈口也啼與口共千則為二百疋若顏說則云上文馬二百蹄與千户侯等此蹄躈千比千

乘之家不容亦二百則竅噭謂九竅噭通四三而成一馬所謂生之徒十有三也牛千足羊彘千
雙僮手指千漢書音義曰僮奴婢也古者無空手游日皆有作務作務須手指故曰手指以別馬
牛蹄角也筋角丹沙千斤其帛絮細布千鈞文采千
匹榻布皮革千石徐廣曰榻音吐合反駰案漢書音義曰榻布白疊也○正義曰顏師古曰
麤厚之布也其價賤故與皮革同重耳非白疊也荅者厚之皃也按白疊木綿所織非中國有也漆千斗
糱麴鹽豉千荅徐廣曰或作合器名有瓵孫叔敖云瓵瓦器受斗六升合為瓵音貽
鮐鮆千斤漢書音義曰音如楚人言薺鮆魚與鮐魚也○正義曰鮐音臺又音貽說文云鮐海魚也
鮆音薺禮反刀魚也鯫千石鮑千鈞徐廣曰鯫音鯫鯫魚也○正義曰鯫音族苟反謂雜小魚
也鮑白也然鮐鮆以斤論鮑鯫以千鈞論乃其九倍多故知鮐是大好者鯫鮑是雜者也徐云鯫膊魚也膊並各反謂破
開中頭毛不相離為鮑謂之膊闢者也此亦大魚為之也棗栗千石者三之正義曰謂三千

石也言棗栗三千石乃與上物相等狐鼦正義曰音彫裘千皮羔羊裘千石
旃席千具佗果菜千鍾正義曰鍾六斛四斗果菜謂雜果菜於山野采取之子
貸金錢千貫節駔會徐廣曰駔音祖朗反馬儈也駰案漢書音義曰會亦是儈也節
節物貴賤也謂估儈其餘利比千乘之家貪賈三之廉賈五之漢書音義曰貪賈未
當賣而賣未可買而買故得利少而十得三廉賈貴而賣賤乃買故十得五此亦比千乘之
家其大率也正義曰率音律佗雜業不中什二正義曰言雜惡業而
不在什分中得二分之利者非世之美財也則非吾財也請略道當世千
里之中賢人所以富者令後世得以觀擇焉
蜀卓氏之先徐廣曰卓一作淖趙人也用鐵冶富秦破趙
遷卓氏卓氏見虜略獨夫妻推輦行詣遷處諸

遷虜少有餘財爭與吏求近處處葭萌徐廣曰屬廣漢○正義曰
葭萌今利州縣也唯卓氏曰此地狹薄吾聞汶山之下沃
野下有蹲鴟徐廣曰古蹲字作踆駰案漢書音義曰水鄉多鴟其山下有沃野灌溉一曰大芋○正義
曰汶音珉蹲鴟芋也言邛州臨邛縣其地肥又沃平野有大芋等也華陽國志云汶山郡都安縣有大芋如蹲鴟也至
死不飢民工於市易賈乃求遠遷致之臨邛大
喜即鐵山鼓鑄運籌策傾滇蜀之民富正義曰滇一作沮漢
書亦作滇也今之益州郡有蜀州亦因舊名及漢江爲名江在益州南入導江非漢中之漢江也至僮千人
田池射獵之樂擬於人君
程鄭山東遷虜也亦冶鑄賈椎髻之民富埒卓
氏俱居臨邛

宛孔氏之先梁人也用鐵冶爲業秦伐魏遷孔氏南陽大鼓鑄規陂池連車騎游諸侯因通商賈之利有游閑公子之賜與名 韋昭曰優游閒暇也 然其贏得過當愈於纖嗇 正義曰音色嗇也言孔氏連車騎游於諸侯以資給之兼通商賈之利乃得游閑公子交名然其通計贏利過於所資給餉遺之當猶有交游公子雍容而勝於慳恡也 家致富數千金故南陽行賈盡法孔氏之雍容魯人俗儉嗇而曹邴氏尤甚以鐵冶 徐廣曰魯縣出鐵 起富至巨萬然家自父兄子孫約俛有拾仰有取貰貸行賈徧郡國鄒魯以其故多去文學而趨利者以曹邴氏也

齊俗賤奴虜而刁間獨愛貴之 正義曰刁丁遥反姓名 桀黠奴人之所患也唯刁間收取使之逐漁鹽商賈之利或連車騎交守相然愈益任之終得其力起富數千萬故曰寧爵毋刁 漢書音義曰奴自相謂曰寧欲免去作民有爵邪將止爲刁氏作奴乎無發聲語助 言其能使豪奴自饒而盡其力

周人既纖 漢書音義曰儉嗇也 而師史尤甚 正義曰師史人姓名 轉轂以百數賈郡國無所不至洛陽街居在齊秦楚趙之中 正義曰洛陽在齊秦楚趙之中其街巷貧人學於富家相矜以久賈諸國皆數歷里邑不入其門故前云洛陽東賈齊魯南賈梁楚是也 貧人學事富家相矜以久賈 漢書音義曰謂街巷居民無田地皆相矜以久賈在此諸國也 數過邑不入門設任此等故

師史能致七千萬宣曲 正義曰按其地合在關內張揖云宣曲官名在昆池西也 任氏之先 徐廣曰高祖功臣有宣曲侯○索隱曰上林賦云西馳宣曲當在京輔今闕其地也 爲督道倉吏 漢書音義曰若今吏督租穀吏上道輸在所也韋昭曰督道秦邊縣名 秦之敗也豪傑皆爭取金玉而任氏獨窖倉粟 徐廣曰窖音校穿地以藏也 楚漢相距滎陽也民不得耕種米石至萬而豪傑金玉盡歸任氏任氏以此起富富人爭奢侈而任氏折節爲儉力田畜田畜人爭取賤賈 索隱曰晉灼云爭取賤賈金玉也○正義曰音價也 任氏獨取貴善 索隱曰謂買物必取貴而善者不爭賤價也 富者數世然任公家約非田畜所出弗衣食公事不畢則身不得飲酒食肉以此爲閭里率故富而主上重之塞之斥也 正義曰孟康云邊塞主斥候卒也唯此人能致富若此顏云塞斥者言国斥開邊塞更令寬廣故橋姚得恣其畜牧也姓橋名姚也 唯橋姚已致馬千匹牛倍之羊萬頭粟以萬鍾計 漢書音義曰邊塞主斥候卒也唯此人能致富若此○索隱曰孟說非也按斥開也相如傳云邊塞益斥是也橋姓姚名也言橋姚因斥塞而致此資風俗通云馬稱匹者俗說云相馬及君子與人相匹故云匹或說馬夜行目照前四丈故云一匹或說度馬從橫適得一匹韓詩外傳云孔子與顏回登山望見一匹練前有藍視之果馬光景一匹長也 吳楚七國兵起時長安中列侯封君行從軍旅齎貸子錢 索隱曰齎音子稽反貸假也音吐得反與人物云齎周禮注齎所給與也 子錢家以爲侯邑國在關東關東成敗未決莫肯與唯無鹽氏出捐千金貸 索隱曰貸音吐代反 其

息什之索隱曰謂出一得十倍三月吴楚平一歲之中則無鹽氏之息什倍用此富埒關中關中富商大賈大抵盡諸田田嗇田蘭韋家栗氏安陵杜杜氏徐廣曰安陵及杜二縣名各有杜姓也宣帝以杜為杜陵亦巨萬此其章章尤異者也徐廣曰異一作淑又作較皆非有爵邑奉禄弄法犯姦而富盡椎埋去就與時俯仰獲其贏利以末致財用本守之以武一切用文持之變化有概故足術也若至力農畜工虞商賈為權利以成富大者傾郡中者傾縣下者傾鄉里者不可勝數夫纖嗇筋力治生之正道也而富者必用奇勝田農

拙業徐廣曰古拙字亦作掘也而秦陽以蓋一州索隱曰漢書作甲一州服虔云富為州中之第一掘冢姦事也而曲叔以起博戲惡業也而桓發用之富索隱曰漢書桓作稽正義曰桓發人姓名行賈丈夫賤行也而雍樂成以饒販脂正義曰說文云戴角者脂无角者膏也辱處也而雍伯千金徐廣曰雍一作翁○索隱曰雍音於恭反漢書作翁伯也賣漿小業也而張氏千萬洒削薄技也徐廣曰洒或作細○駰案漢書音義曰治刀劒名○索隱曰洒音先禮反削謂摩刀以水洒之又方言云劒削關東謂之削音肖亦依字讀而郅氏鼎食胃脯簡微耳濁氏連騎索隱曰晉灼云太官常以十月作沸湯燖羊胃以末椒薑坋之訖暴使燥則謂之脯故易售而致富也○正義曰按胃脯謂和五味而脯美故易售馬醫淺方張里擊鍾此皆誠壹之所致由是觀

之富無經業則貨無常主能者輻湊不肖者瓦解千金之家比一都之君巨萬者乃與王者同樂豈所謂素封者邪非也

索隱述贊曰

貨殖之利　工商是營　廢居善積
倚市邪贏　白圭富國　計然彊兵
倮參朝請　女築懷清　素封千戶
卓鄭齊名

貨殖列傳第六十九　史記一百二十九

太史公自序第七十　史記一百三十

昔在顓頊命南正重以司天北正黎以司地索隱曰張晏云南方陽也火水配也水爲陰故命南方正重司天火正黎兼地職臣瓚以爲重黎氏是司天地之官然司地者宜曰北正古文作北字非也案國語黎爲火正以淳曜敦大光照四海又幽通賦云黎淳燿於高辛則火正爲是也唐虞之際紹重黎之後使復典之至于夏商故重黎氏世序天地其在周程伯休甫其後也應劭曰封爲程國伯休甫字也○索隱曰重司天而黎司地是代序天地也據左氏重是少昊之子黎乃顓頊之胤二氏二正所出各別而史遷意欲合二氏爲一故總云在周程伯休甫其後非也然後按彪之序及于寶皆云司馬氏黎之後是也今總稱伯休甫是重黎之後者凡言地即舉天稱黎則兼重自是相對之文其實二官亦通職然休甫則黎之後也亦是太史公欲以史爲己任故言先代天官所以兼稱重耳○正義曰括地志云安陵故城在雍州咸陽東二十一里周之程邑也當周宣王時失其守而爲司馬氏正義曰司馬彪序云南正黎後世爲司馬氏司馬氏世典周史索隱曰司馬夏官卿不掌国自是先代兼爲史衛宏云司馬氏周史佚之後恐或有所據惠襄之間司馬氏去周適晉張晏曰周惠王襄王有子頹叔帶之難故司馬氏奔晉晉中軍隨會奔秦而司馬氏入少梁索隱曰左氏隨會自晉奔秦後乃奔魏自魏還晉故漢書云會奔秦魏也少梁古梁國也秦滅之改曰少梁後名夏陽也○正義曰按春秋隨會奔秦其後自秦入魏而還晉也隨會爲晉中軍將少梁古梁國也嬴姓在同州韓城縣南二十二里是時屬晉自司馬氏去周適晉分散或在衛或在趙索隱曰何法盛晉書及司馬氏系本名凱或在秦其在衛者相中山徐廣曰名喜也在趙者正義曰何法盛晉書及晉譙王司馬無忌司馬氏孫本皆云名凱以傳劍論顯服虔曰世善傳劍也蘇林曰傳手搏論而釋之晉灼曰史記吳起贊曰非信仁廉勇

不能傳劒論兵書也○索隱曰服虔云善劒解所以稱傳也蘇林作搏言手搏論而知名也蒯聵其後
也正義曰五恠反如淳云刺客傳之蒯聵也在秦者名錯與張儀爭論於
是惠王使錯將伐蜀遂拔因而守之蘇林曰郡守也錯孫
靳徐廣曰一作蘄○索隱曰錯音七各反靳音紀釁反事武安君白起而少
梁更名曰夏陽靳與武安君阬趙長平軍文穎曰趙
孝成時還而與之俱賜死杜郵索隱曰郵音尤李奇曰地名在咸陽西十里三
秦記其地後改爲里李也葬於華池晉灼曰地名在鄠縣○索隱曰晉灼非也案司馬遷碑在夏陽西北
四里○正義曰括地志云華池在同州韓城縣西南七十里在夏陽故城西北四里靳孫昌昌爲
秦主鐵官當始皇之時蒯聵玄孫卬爲武信君
將徐廣曰張耳傳云武臣自號武信君○索隱曰按晉譙國司馬無忌作司馬氏系本云蒯聵生昭頃昭頃生憲

憲生卬也而徇朝歌諸侯之相王王卬於殷索隱曰漢書云項羽
封卬爲殷王漢之伐楚卬歸漢以其地爲河內郡昌
生無澤索隱曰漢書作毋懌並音亦無澤爲漢市長無澤生喜
喜爲五大夫卒皆葬高門蘇林曰長安北門也瓚曰長安城無高門○索隱曰
蘇說非也案遷碑高門在夏陽西北去華池三里○正義曰括地志云高門原俗名馬門原在同州韓城縣西南十八里漢
司馬遷墓在韓城縣南二十二里夏陽縣故東南有司馬遷冢在高門原上也喜生談談爲太
史公如淳曰漢儀註太史公武帝置位在丞相上天下計書先上太史公副上丞相序事如古春秋遷死後宣
帝以其官爲令行太史公文書而已瓚曰百官表無太史公茂陵中書司馬談以太史丞爲太史令○索隱曰公者遷所
著書尊其父云公也然遷雖稱述其父所作其實亦遷之詞而如淳引衛宏儀註稱位在丞相上謬矣按百官表又無其
官且修史之官国家别有著撰則令州縣所上国書皆先上之而後人不曉誤以爲在丞相上耳○正義曰虞喜志林云

古者主天官者皆上公自周至漢其職轉卑然朝會坐位猶居公上尊天之道其官屬仍以舊名尊而稱也按下文太史公既掌天官不治民有子曰遷又云卒三歲而遷爲太史公又云太史公遭李陵之禍又云汝復爲太史則續吾祖矣觀此文虞喜說爲長乃書談及遷爲太史公者皆遷自書之漢舊儀云太史公秩二千石卒史皆秩二百石然瓚及韋昭桓譚之說皆非也以桓譚之說釋在武本紀也

太史公學天官於唐都正義曰天官書云星則唐都也受易於楊何徐廣曰菑川人習道論於黃子徐廣曰儒林傳曰黃生好黃老之術太史公仕於建元元封之間愍學者之不達其意而師悖正義曰布內反顏云悖惑也各習師書惑於所見也乃論六家之要指曰易大傳正義曰張晏云謂易繫辭案下二句是繫辭文也天下一致而百慮同歸而殊塗夫陰陽儒墨名法道德此務爲治者也直所從言之異路有省不省耳索隱曰案六家同歸於正然所從之道殊塗學或有傳習省察或有不省之耳嘗竊觀陰陽之術大祥徐廣曰一作詳駰案李奇曰月令星官是其枝葉也○索隱曰漢書作大詳言我觀陰陽之術大詳今此作祥於義爲踈○正義曰顧野王云祥善也吉凶之先見也而衆忌諱使人拘而多所畏正義曰言拘束於日時令人有所忌畏也然其序四時之大順不可失也儒者博而寡要勞而少功是以其事難盡從然其序君臣父子之禮列夫婦長幼之別不可易也墨者儉正義曰韋云墨翟之術也尚儉後有隨巢子傳其術也而難遵是以其事不可徧循索隱曰徧音遍徧循言難盡用也然其彊本節用不可廢也法家嚴而少恩然其正君臣上下之分不可改矣名家使人儉而善失眞

索隱曰劉向別錄云名家流出於禮官古者名位不同禮亦異數孔子曰必也正名乎按名家知禮亦異數是儉也受命不受辭或失其眞也

然其正名實不可不察也道家使人精神專一動合無形贍足萬物〔索隱曰贍音市豔反漢書作澹古今字異也〕其爲術也因陰陽之大順采儒墨之善撮名法之要與時遷移應物變化立俗施事無所不宜指約而易操事少而功多儒者則不然以爲人主天下之儀表也主倡而臣和主先而臣隨如此則主勞而臣逸至於大道之要去健羨〔如淳曰知雄守雌是去健也不見可欲使心不亂是去羨也〕絀聰明〔索隱曰如淳云不尚賢絕聖弃智也〕釋此而任術夫神大用則竭形大勞則敝形神騷

動欲與天地長久非所聞也夫陰陽四時八位十二度二十四節〔張晏曰八位八卦位也十二度十二次也二十四節就中氣也各有禁忌謂日月也〕各有教令順之者昌逆之者不死則亡未必然也故曰使人拘而多畏夫春生夏長秋收冬藏此天道之大經也弗順則無以爲天下綱紀故曰四時之大順不可失也夫儒者以六藝爲法六藝經傳以千萬數累世不能通其學當年不能究其禮故曰博而寡要勞而少功若夫列君臣父子之禮序夫婦長幼之別雖百家弗能易也墨者亦尚堯舜道言其德行曰堂高三

尺索隱曰自此已下韓子之文故稱曰也土階三等茅茨不翦正義曰屋蓋曰茨以茅覆屋采椽不刮索隱曰韋昭云采椽櫟榱也正義曰採取為椽不刮削也食土簋徐廣曰一作溜駟案服虔曰土簋用土作此器啜土刑糲粱之食張晏曰一斛粟七斗米為糲瓚曰五斗粟三斗米為糲音剌韋昭曰糲麤也○索隱曰服虔云糲麤米也三蒼云粱好粟也○正義曰顏云簋所以盛飯也刑所以盛羹也土謂燒土為之即瓦器也糲粗米也脫粟也粱粟也謂食脫粟之麤飯也藜藿之羹正義曰藜似藿而表赤藿豆葉也夏日葛衣冬日鹿裘其送死桐棺三寸正義曰以桐木為棺厚三寸也舉音不盡其哀教喪禮必以此為萬民之率使天下法若此則尊卑無別也夫世異時移事業不必同故曰儉而難遵要曰彊本節用則人給家足之道也此墨

子之所長雖百家弗能廢也法家不別親疏不殊貴賤一斷於法則親親尊尊之恩絕矣索隱曰按禮親親父為首尊尊君為首也可以行一時之計而不可長用也故曰嚴而少恩若尊主卑臣明分職不得相踰越雖百家弗能改也名家苛察繳繞服虔曰繳音近叫呼謂煩也如淳曰繳繞猶纏繞不通大體也使人不得反其意專決於名而失人情故曰使人儉而善失真若夫控名責實參伍不失晉灼曰引名責實參錯交互明知事情此不可不察也道家無為又曰無不為正義曰無為者守清淨也無不為者生育萬物也其實易行正義曰各守其分故易行也其辭難知正義曰幽深微妙故難知也其術以

虛無爲本以因循爲用正義曰任自然也無成勢無常形故能究萬物之情不爲物先不爲物後韋昭曰因物爲制故能爲萬物主有法無法因時爲業正義曰因時之物成法爲業有度無度因物與合正義曰因其万物之形成度與合也故曰聖人不朽時變是守索隱曰此出鬼谷子遷引之以成其章故稱故曰也○正義曰言聖人教迹不朽滅者順時變化虛者道之常也因者君之綱也正義曰言因百姓之心以教唯執其綱而已羣臣並至使各自明也其實中其聲者謂之端實不中其聲者謂之窾徐廣曰音款空也駰案李奇曰聲別名也○索隱曰款空也申子云款言無成是也聲者名也以言實不稱名則謂之空空有聲也窾言不聽姦乃不生賢不肖自分白黑乃形在

所欲用耳何事不成乃合大道混混冥冥正義曰上胡本反混混者元氣神著之皃也光燿天下復反無名凡人所生者神也所託者形也神大用則竭形大勞則敝形神離則死死者不可復生離者不可復反故聖人重之由是觀之神者生之本也形者生之具也韋昭曰聲氣者神也枝體者形也不先定其神而曰我有以治天下何由哉太史公既掌天官不治民有子曰遷遷生龍門徐廣曰在馮翊夏陽縣駰案蘇林曰禹所鑿龍門也○正義曰括地志云龍門在同州韓城縣北五十里其山更黃河夏禹所鑿者也龍門山在夏陽縣遷即漢夏陽縣人也至唐改曰韓城縣耕牧河山之陽正義曰河之北山之南也案在龍門山南也年十歲則誦古文

索隱曰迁及事伏生是學誦古文尚書劉氏以爲左傳國語系本等書是亦名之古文也二十而南游江淮上會稽探禹穴張晏曰禹巡狩至會稽而崩因葬焉上有孔穴民間云禹入此穴○索隱曰越絕書云禹上茅山大會計更名曰會稽張勃吳錄云本名苗山一名覆釜禹會諸侯計功改曰會稽○正義曰括地志云石簣山一名玉笥山又名宛委山即會稽山一峯也在會稽縣東南十八里吳越春秋云禹案黃帝中經九山東南天柱號曰宛委赤帝左闕之塡承以文玉覆以盤石其書金簡青玉爲字編以白銀皆瑑其文禹乃東巡登衡山血白馬以祭禹乃登山仰天而笑忽然而卧夢見繡衣男子自稱玄夷蒼水使者却倚覆釜之山東顧謂禹曰欲得我山神書者齋於黃帝之岳巖巖之下三月季庚登山發石禹乃登宛委之山發石乃得金簡玉字以水泉之脉山中又有一穴深不見底謂之禹穴史遷云上會稽探禹穴即此穴也闚九疑索隱曰山海經云南方蒼梧之丘蒼梧之泉在營道南其山九峯皆似故曰九疑張晏云九疑舜葬故窺之尋上探禹穴蓋以先聖所葬處有古冊文故探窺之亦搜採遠矣○正義曰九疑山在道州浮於沅湘正義曰沅水出朗州湘水出道州北東北入海北涉

汶泗正義曰兩水出兗州東北而南歷魯講業齊魯之都觀孔子之遺風鄉射鄒嶧正義曰鄒縣名嶧山名鄉山在鄒縣名二十二里地近曲阜於此行鄉射之礼戹困鄱正義曰括地志云徐州滕縣漢蕃縣音翻漢末陳蕃子逸爲魯相改音皮田褒魯記曰靈帝汝南子游爲魯相陳蕃子也國人爲諱而改焉薛彭城徐廣曰嶧音亦縣名有山也鄱音皮鄒鄱薛三縣屬魯○索隱曰鄱本音蕃案田褒魯記云靈帝末有汝南陳子游爲魯相子游太尉陳蕃子也國人諱而改焉若如其說則蕃改鄱鄱皮聲相近後衞訛耳然地理志魯國蕃縣應劭曰邾國也音皮過梁楚以歸於是遷仕爲郎中奉使西征巴蜀以南略邛笮昆明還報命徐廣曰元鼎六年平西南夷以爲五郡其明年元封元年是也是歲天子始建漢家之封而太史公留滯周南徐廣曰摯虞曰古之周南今之洛陽○索隱曰張晏云自陝已東皆周南之地也不得與從事正義曰與音預故

發憤且卒而子遷適使反見父於河洛之間太史公執遷手而泣曰余先周室之太史也自上世嘗顯功名於虞夏典天官事後世中衰絕於予乎汝復爲太史則續吾祖矣今天子接千歲之統封泰山而余不得從行是命也夫命也夫余死汝必爲太史爲太史無忘吾所欲論著矣且夫孝始於事親中於事君終於立身揚名於後世以顯父母此孝之大者夫天下稱誦周公言其能論歌文武之德宣周邵之風達太王王季之思慮爰及公劉以尊后稷也幽厲之後王

道缺禮樂衰孔子脩舊起廢論詩書作春秋則學者至今則之自獲麟以來四百餘歲（案年表魯哀公十四年獲麟至漢元封元年三百七十一年）而諸侯相兼史記放絕今漢興海內一統明主賢君忠臣死義之士余爲太史而弗論載廢天下之史文余甚懼焉汝其念哉遷俯首流涕曰小子不敏請悉論先人所次舊聞弗敢闕卒三歲而遷爲太史令（索隱曰博物志太史令茂陵顯武里大夫司馬年二十八三年六月乙卯除六百石也）紬史記（徐廣曰紬音抽○索隱曰如淳云抽徹舊書故事而次述之小顏云紬謂綴集之也）石室金匱之書（索隱曰案石室金匱皆國家藏書之處）五年而當太初元年（李奇曰遷爲太史後五年適當於武帝太初元年此時述

史記○正義曰按遷年四十二歲十一月甲子朔旦冬至天歷始改建於明堂諸神受紀徐廣曰封禪序曰封禪則萬靈罔不禋祀駰案韋昭曰告於百神與天下更始著紀於是○索隱曰虞喜志林云改歷於明堂班之於諸侯諸侯羣神之主故曰諸神受紀孟康云句芒祝融之屬皆受瑞紀也

太史公曰先人有言索隱曰先人謂先代賢人也○正義曰太史公司馬遷也先人司馬談也自周公卒五百歲而有孔子孔子卒後至於今五百歲索隱曰案孟子稱堯舜至湯五百餘歲湯至文王五百餘歲文王至孔子五百餘歲太史公此言略取於孟子而揚雄孫盛深所不然所謂多見不知量也以爲淳氣育才豈有常數五百之期何異一息是以上皇相次或以萬齡爲間而唐堯舜禹比肩並列降及周室聖賢盈朝孔子之歿千載莫嗣安在於千年五百年乎具述作者蓋記注之志士耳豈聖人之論哉有能紹明世正易傳繼春秋本詩書禮樂之際意在斯乎意在斯乎小子何敢讓焉索隱曰漢書讓作攘晉灼云此古讓字言己當述先人之成業何敢自嫌值五百歲而讓之也

上大夫壺遂曰索隱曰案遂爲詹事秩二千石故位上大夫也昔孔子何爲而作春秋哉太史公曰余聞董生曰服虔曰仲舒也周道衰廢孔子爲魯司寇諸侯害之大夫壅之孔子知言之不用道之不行也是非二百四十二年之中索隱曰是非謂襃貶諸侯之得失也以爲天下儀表貶天子退諸侯討大夫以達王事而已矣子曰我欲載之空言不如見之於行事之深切著明也索隱曰案孔子之言見春秋緯太史公引之以成說也空言謂襃貶是非也空立此文而乱臣賊子懼也孔子言我徒欲立空言設襃貶則不如附見於

當時所因事之人臣有僭侈篡逆因就此筆削以褒貶深切著明而書之以為將來之誡也夫春秋上
明三王之道下辨人事之紀別嫌疑明是非定
猶豫善善惡惡索隱曰公羊傳曰善善及子孫惡惡止其身也賢賢賤不
肖存亡國繼絶世補敝起廢王道之大者也易
著天地陰陽四時五行故長於變禮經紀人倫
故長於行書記先王之事故長於政詩記山川
谿谷禽獸草木牝牡雌雄故長於風樂樂所以
立故長於和春秋辯是非故長於治人是故禮
以節人樂以發和書以道事詩以達意易以道
化春秋以道義撥亂世反之正莫近於春秋春

秋文成數萬其指數千張晏曰春秋萬八千字當言減而云成數字誤也駰謂太史公此辭是述董生之言董仲舒自治公羊春秋公羊經傳凡有四萬四千餘字故云文成數萬也不得如張議但論經萬八千字便為之誤○索隱曰註非也小顏云史遷豈以公羊之傳為春秋乎春秋經一萬八千亦足稱數萬非字之誤萬物
之散聚皆在春秋春秋之中弒君三十六亡國
五十二諸侯奔走不得保其社稷者不可勝數
察其所以皆失其本已索隱曰案弒君亡國及奔走者皆是失仁義之道本耳已者語終之辭也
故易曰失之豪釐差以千里徐廣曰一云差以豪釐一云繆以千里駰案今易無此語易緯有之
故曰臣弒君子弒父非一旦一
夕之故也其漸久矣故有國者不可以不知春
秋前有讒而弗見後有賊而不知為人臣者不

可以不知春秋守經事而不知其宜遭變事而
不知其權爲人君父而不通於春秋之義者必
蒙首惡之名爲人臣子而不通於春秋之義者
必陷篡弒之誅死罪之名其實皆以爲善爲之
不知其義〔正義曰其心實善爲之不知其義理則陷於罪咎〕被之空言而不
敢辭〔張晏曰趙盾不知討賊而不敢辭其罪也〕夫不通禮義之旨至於
君不君臣不臣父不父子不子君不君則犯〔正義
曰顏云爲臣下所干犯也一云違犯禮義〕臣不臣則誅父不父則無道子
不子則不孝此四行者天下之大過也以天下
之大過予之則受而弗敢辭故春秋者禮義之

大宗也夫禮禁未然之前法施已然之後法之
所爲用者易見而禮之所爲禁者難知壺遂曰
孔子之時上無明君下不得任用故作春秋垂
空文以斷禮義當一王之法今夫子上遇明天
子下得守職萬事既具咸各序其宜夫子所論
欲以何明太史公曰唯唯否否〔晉灼曰唯唯謙應也否否不通者也〕不
然余聞之先人曰伏羲至純厚作易八卦堯舜
之盛尚書載之禮樂作焉湯武之隆詩人歌之
春秋采善貶惡推三代之德褒周室非獨刺譏
而已也漢興以來至明天子獲符瑞封禪改正

朔易服色受命於穆清（如淳曰受天命清和之氣○正義曰於音烏顏云於歎辭也穆美也言天子有美德而教化清也）澤流罔極海外殊俗重譯款塞（應劭曰款叩也皆叩塞門來服從也如淳曰款寬也請除守塞者自保不爲寇害○正義曰重譯更譯其言也）請來獻見者不可勝道臣下百官力誦聖德猶不能宣盡其意且士賢能而不用有國者之恥主上明聖而德不布聞有司之過也且余嘗掌其官廢明聖盛德不載滅功臣世家賢大夫之業不述墮先人所言罪莫大焉余所謂述故事整齊其世傳非所謂作也而君比之於春秋謬矣於是論次其文七年（徐廣曰天漢三年○正義曰按從太初元年至天漢三年乃七年也）而太史公遭李陵之禍（正義曰太史公舉李陵李陵降也）幽於縲紲乃喟然而嘆曰是余之罪也夫是余之罪也夫身毀不用矣退而深惟曰夫詩書隱約者（索隱曰案謂其義隱微而言約也○正義曰詩書隱微而約省者迁深推欲依其隱約而成其志意也）欲遂其志之思也昔西伯拘羑里（徐廣曰在易陰）演周易孔子戹陳蔡作春秋屈原放逐著離騷左丘失明厥有國語孫子臏腳而論兵法不韋遷蜀世傳呂覽（正義曰即呂氏春秋也）韓非囚秦說難孤憤詩三百篇大抵賢聖發憤之所爲作也此人皆意有所鬱結不得通其道也故述往事思來者於是卒述陶唐以

來至于麟止張晏曰武帝獲麟遷以為述事之端上紀黃帝下至麟止猶春秋止於獲麟也○索隱曰服虔云武帝至雍獲白麟而鑄金作麟足形故云麟止遷作史記止於此猶春秋終於獲麟然也史記以黃帝為首而云述陶唐者案五帝本紀贊云五帝尚矣然尚書載堯以來百家言黃帝其文不雅訓故述黃帝為本紀之首而以尚書雅正故稱起於陶唐也自黃帝始

維昔黃帝法天則地四聖遵序徐廣曰顓頊帝嚳堯舜各成法度唐堯遜位虞舜不台索隱曰台音怡悅也或音詔非也厥美帝功萬世載之作五帝本紀第一索隱曰應劭云有本則紀有家則代有年則表有名則傳

維禹之功九州攸同光唐虞際德流苗裔夏桀淫驕乃放鳴條作夏本紀第二

維契正義曰契音薛也作商爰及成湯太甲居桐德盛阿衡武丁得說乃稱高宗帝辛湛湎諸侯不享作殷本紀第三

維棄作稷德盛西伯武王牧野實撫天下幽厲昏亂既喪酆鎬陵遲至赧洛邑不祀作周本紀第四

維秦之先伯翳佐禹穆公思義悼豪之旅索隱曰豪即崤之異音旅師旅也○正義曰穆公封崤山軍旅之尸以人為殉詩歌黃鳥昭襄業帝作秦本紀第五

始皇既立并兼六國銷鋒鑄鐻徐廣曰嚴安上書銷其兵鑄以為鍾

（鏤也○索隱曰鏤音巨鏤鍾也）維偃干革尊號稱帝矜武任力二世受運子嬰降虜作始皇本紀第六

秦失其道豪桀並擾項梁業之子羽接之殺慶救趙（徐廣曰宋義爲上將號慶子冠軍）諸侯立之誅嬰背懷天下非之作項羽本紀第七

子羽暴虐漢行功德憤發蜀漢還定三秦誅籍業帝天下惟寧改制易俗作高祖本紀第八

惠之早霣（正義曰音殞）諸呂不台（徐廣曰無台輔之德也一曰怡懌也不爲百姓所說○索隱曰案此贊本韻則怡懌爲是也）崇彊祿產諸侯謀之殺隱幽友（徐廣曰趙隱王如意趙幽王友）大臣洞疑（索隱曰洞是洞達義所共疑）遂及宗禍作呂太后本紀第九

漢既初興繼嗣不明迎王踐祚天下歸心蠲除肉刑開通關梁廣恩博施厥稱太宗作孝文本紀第十

諸侯驕恣吳首爲亂京師行誅七國伏辜天下翕然大安殷富作孝景本紀第十一

漢興五世隆在建元外攘夷狄內脩法度封禪改正朔易服色作今上本紀第十二

維三代尚矣年紀不可考蓋取之譜牒舊聞本于茲於是略推作三代世表第一

幽厲之後周室衰微諸侯專政春秋有所不紀而譜諜經略五霸更盛衰欲睹周世相先後之意作十二諸侯年表第二

春秋之後陪臣秉政彊國相王以至于秦卒并諸夏滅封地擅其號作六國年表第三

秦既暴虐楚人發難項氏遂亂漢乃扶義征伐八年之間天下三擅事繁變衆故詳著秦楚之際月表第四

漢興已來至于太初百年諸侯廢立分削譜紀不明有司靡踵彊弱之原云以世徐廣曰一作云已也天漢序曰敞義依霍庶幾云已○索隱曰踵繼也以當作已世當作也並誤之耳云已也皆語助之辭○正義曰言漢興已來百年諸侯廢立分削譜紀不能明其嗣有司無所踵繼其後乃云彊弱之原云以世相代相不能有所録紀也作漢興已來諸侯年表第五

維高祖元功輔臣股肱剖符而爵澤流苗裔忘其昭穆或殺身隕國作高祖功臣侯者年表第六

惠景之間維申功臣宗屬爵邑作惠景間侯者年表第七

北討彊胡南誅勁越征伐夷蠻武功爰列作建元以來侯者年表第八

諸侯旣彊七國爲從子弟衆多無爵封邑推恩行義其勢銷弱德歸京師作王子侯者年表第九

國有賢相良將民之師表也維見漢興以來將相名臣年表賢者記其治不賢者彰其事作漢興以來將相名臣年表第十

維三代之禮所損益各殊務然要以近情性通王道故禮因人質爲之節文略協古今之變作禮書第一

樂者所以移風易俗也自雅頌聲興則已好鄭

衛之音鄭衛之音所從來久矣人情之所感遠俗則懷（徐廣曰樂者所以感和人情人情既感則遠方殊俗莫不懷柔向化也）比樂書以述來古（索隱曰來古即古來也言此樂書以述自古已來樂之興衰也）作樂書第二

非兵不彊（索隱曰此律書之贊而云非兵不彊者則此律書即兵書也古者師出以律則凡出軍皆聽律聲故云聞律效勝負望敵知吉凶也）非德不昌黄帝湯武以興（索隱曰黄帝有阪泉之師湯武有鳴條牧野之戰而克桀紂）桀紂二世以崩可不慎歟司馬法所從來尚矣（正義曰古者師出以律凡軍出皆吹律聽聲律書云六律爲万事根本其於兵械尤所重望敵知吉凶聞聲傚勝負故云司馬兵法所從來尚矣乎）太公孫吳王子（徐廣曰王子成甫）能紹而明之切近世極人變作律書第三

律居陰而治陽歷居陽而治陰律歷更相治間不容翲忽索隱曰案忽者總文之微也翲者輕也言律歷窮陰陽之妙其間不容輕忽也言翲恐衍字耳○正義曰翲匹遥反今音匹沼反字當作杪杪禾芒表也忽一蠶口出絲也言律曆相治之間不容此微細之物也五家之文怫異索隱曰怫音悖一音扶物反怫亦悖也案言金木水火土五家之文各相悖異不同也○正義曰五家謂黃帝顓頊夏殷周之歷其文相戾乖異不同維太初之元論歷律爲是故歷書自太初之元論之也維太初之元論作歷書第四徐廣曰論一作編

星氣之書多雜機祥不經推其文考其應不殊比集論其行事驗于軌度以次作天官書第五

受命而王封禪之符罕徐廣曰一云咎應用用則萬靈罔不禋祀追本諸神名山大川禮作封禪書第

六

維禹浚川九州攸寧爰及宣防決瀆通溝作河渠書第七

維幣之行索隱曰幣錢也以通農商其極則玩巧并兼茲索隱曰玩音五官反巧音苦孝反殖爭於機利去本趨末作平準書以觀事變第八

太伯避歷江蠻是適文武攸興古公王跡闔廬弒僚賓服荊楚夫差克齊子胥鴟夷信嚭親越吳國既滅嘉伯之讓作吳世家第一

申呂肖矣徐廣曰肖音痟痟猶衰微○索隱曰徐廣音訓不知從出案肖謂微弱而省少所謂申呂

雖衰也。正義曰肖音痟呂尚之祖封於申申呂後痟微故尚父微賤也尚父側微卒歸西

伯文武是師功冠羣公繆權于幽徐廣曰繆錯也循云纏結也權智潛謀幽昧不顯所謂太公陰謀○索隱曰繆謂綢繆也音亡又反謂太公繆綢為權謀於幽昧不明著也○正義曰繆音武彪反言呂尚綢繆於幽權之策謂六韜三略陰符七術之屬也番番黃髮番音婆毛萇云番番威勇武皃也案黃髮言老人髮白而更黃也爰饗營丘不背柯盟桓公

以昌九合諸侯霸功顯彰田闞爭寵姜姓解亡徐廣曰闞一云監解一作遷嘉父之謀作齊太公世家第二

依之違之周公綏之憤發文德天下和之輔翼

成王諸侯宗周隱桓之際是獨何哉三桓爭彊

魯乃不昌嘉旦金縢作周公世家第三

武王克紂天下未協而崩成王既幼管蔡疑之

淮夷叛之於是召公率德安集王室以寧東土

燕易之禪乃成禍亂索隱曰謂王噲禪其相子之後卒危亂也嘉甘棠

之詩作燕世家第四

管蔡相武庚將寧舊商及旦攝政二叔不饗殺

鮮放度索隱曰案系家云管叔名鮮蔡叔名度霍叔名處也周公為盟太任十

子周以宗彊索隱曰太任文王妃十子伯邑考武王管蔡霍曹衛毛聃曹是也嘉仲悔

過正義曰蔡叔度之子蔡仲也作管蔡世家第五

王後不絕舜禹是說維德休明苗裔蒙烈百世

享祀爰周陳杞楚實滅之齊田既起舜何人哉

作陳杞世家第六

牧殷餘民叔封始邑申以商亂酒材是告及朔之生衛傾不寧（索隱曰衛傾公也）南子惡蒯聵子父易名周德卑微戰國既彊衛以小弱角獨後亡嘉彼康誥作衛世家第七

嗟箕子乎嗟箕子乎正言不用乃反爲奴武庚既死周封微子襄公傷於泓（正義曰泓水名公羊傳云宋與楚人期戰於泓之陽宋師大敗君子大其不鼓不成列臨大事而不忘禮雖文王之戰亦不過此也）君子孰稱景公謙德熒惑退行剔成暴虐（徐廣曰一云偃宋剔成君生偃○索隱曰剔音湯）宋乃滅亡嘉微子問太師作宋世家第八

武王既崩叔虞邑唐君子譏名（正義曰謂晉穆侯太子名仇少子名成師也）卒滅武公驪姬之愛亂者五世重耳不得意乃能成霸六卿專權（正義曰智伯范中行韓魏趙）晉國以耗嘉文公錫珪鬯作晉世家第九

重黎業之吳回接之殷之季世粥子牒之周用熊繹熊渠是續莊王之賢乃復國陳（正義曰楚莊王都陳）既赦鄭伯班師華元懷王客死蘭咎屈原好諛信讒楚并於秦嘉莊王之義作楚世家第十

少康之子實賓南海（正義曰吳越春秋云啟使歲時祭禹於越立宗廟南山之上封少康庶子無餘於越使祠禹至勾踐遷都山陰立禹廟爲始祖廟越亡遂廢也案今禹廟在會稽山下）文身斷髮

黿鱓與處索隱曰黿鼉音元鱓音鼉既守封禺徐廣曰封禺山在武康縣南奉禹之祀勾踐困彼乃用種蠡嘉句踐夷蠻能修其德滅彊吳以尊周室作越王勾踐世家第十一

桓公之東太史是庸及侵周禾王人是議祭仲要盟鄭久不昌子產之仁紹世稱賢三晉侵伐鄭納於韓嘉厲公納惠王作鄭世家第十二

維驥騄耳乃章造父趙夙事獻衰續厥緒正義曰衰楚危反佐文尊王卒爲晉輔襄子困辱乃禽智伯主父生縛餓死探爵王遷辟淫良將是斥嘉鞅討周亂作趙世家第十三

畢萬爵魏卜人知之及絳戮干戎翟和之文侯慕義子夏師之惠王自矜齊秦攻之既疑信陵諸侯罷之卒亡大梁王假廝之嘉武佐晉文申霸道作魏世家第十四

韓厥陰德趙武攸興紹絶立廢晉人宗之昭侯顯列申子庸之疑非不信秦人襲之嘉厥輔晉匡周天子之賦作韓世家第十五

完子避難適齊爲援陰施五世齊人歌之成子得政田和爲侯王建動心乃遷于共嘉威宣能撥濁世而獨宗周作田敬仲完世家第十六

周室既衰諸侯恣行仲尼悼禮廢樂崩追脩經術以達王道匡亂世反之於正見其文辭為天下制儀法垂六藝之統紀於後世作孔子世家第十七

桀紂失其道而湯武作周失其道而春秋作正義曰周失其道至秦之時諸侯力事爭彊秦失其政而陳涉發迹諸侯作難風起雲蒸卒亡秦族天下之端自涉發難作陳涉世家第十八

成皐之臺薄氏始基詘意適代厥崇諸竇栗姬偩貴王氏乃遂陳后太驕卒尊子夫嘉夫德若斯作外戚世家第十九

漢既譎謀禽信於陳越荊剽輕乃封弟交為楚王爰都彭城以彊淮泗為漢宗藩戊溺於邪禮復紹之嘉游輔祖正義曰游楚王交字也祖高祖也作楚元王世家第二十

維祖師旅劉賈是與為布所襲喪其荊吳營陵激呂乃王琅邪怵午正義曰謂祝午也信齊往而不歸遂西入關遭立孝文獲復王燕天下未集賈澤以族為漢藩輔作荊燕世家第二十一

天下已平親屬既寡悼惠先壯實鎮東土哀王

擅興發怒諸呂駟鈞暴戾京師弗許厲之內淫禍成主父嘉肥股肱作齊悼惠王世家第二十二

楚人圍我滎陽相守三年蕭何塡撫山西（正義曰謂華山之西也）推計踵兵給糧食不絕使百姓愛漢不樂爲楚作蕭相國世家第二十三

與信定魏破趙拔齊遂弱楚人續何相國不變不革黎庶攸寧嘉參不伐功矜能作曹相國世家第二十四

運籌帷幄之中制勝於無形子房計謀其事無知名無勇功圖難於易爲大於細作留侯世家第二十五

六奇既用諸侯賓從於漢呂氏之事平爲本謀終安宗廟定社稷作陳丞相世家第二十六

諸呂爲從謀弱京師而勃反經合於權吳楚之兵亞夫駐於昌邑以戹齊趙而出委以梁作絳侯世家第二十七

七國叛逆蕃屛京師唯梁爲扞偩愛矜功幾獲于禍嘉其能距吳楚作梁孝王世家第二十八

五宗既王親屬洽和諸侯大小爲藩爰得其宜

僭擬之事稍衰貶矣作五宗世家第二十九
三子之王文辭可觀作三王世家第三十
末世爭利維彼奔義讓國餓死天下稱之作伯
夷列傳第一
晏子儉矣夷吾則奢齊桓以霸景公以治作管
晏列傳第二
李耳無爲自化清淨自正韓非揣事情循勢理
作老子韓非列傳第三
自古王者而有司馬法穰苴能申明之作司馬
穰苴列傳第四
非信廉仁勇不能傳兵論劍與道同符內可以
治身外可以應變君子比德焉作孫子吳起列
傳第五
維建遇讒爰及子奢尚既匡父伍員奔吳作伍
子胥列傳第六
孔氏述文弟子興業咸爲師傅崇仁厲義作仲
尼弟子列傳第七
鞅去衛適秦能明其術彊霸孝公後世遵其法
作商君列傳第八
天下患衡秦毋饜而蘇子能存諸侯約從以抑

貪彊作蘇秦列傳第九

六國既從親而張儀能明其說復散解諸侯作

張儀列傳第十

秦所以東攘（徐廣曰一作襄）雄諸侯樗里甘茂之策作

樗里甘茂列傳第十一

苞河山（徐廣曰苞一作施）圍大梁使諸侯斂手而事秦者

魏冉之功作穰侯列傳第十二

南拔鄢郢北摧長平遂圍邯鄲武安爲率破荊

滅趙王翦之計作白起王翦列傳第十三

獵儒墨之遺文明禮義之統紀絕惠王利端列

往世興衰（徐廣曰一作壞）作孟子荀卿列傳第十四

好客喜士士歸于薛爲齊扞楚魏作孟嘗君列

傳第十五

爭馮亭以權（徐廣曰以一作反太史公譏平原曰利令智昏故云爭馮亭反權）如楚以

救邯鄲之圍使其君復稱於諸侯作平原君虞

卿列傳第十六

能以富貴下貧賤賢能詘於不肖唯信陵君爲

能行之作魏公子列傳第十七

以身徇君遂脫彊秦使馳說之士南鄉走楚者

黃歇之義作春申君列傳第十八

能忍訽於魏齊徐廣曰詬音逅○索隱曰詬音火候反詬辱也而信威於彊秦推賢讓位二子有之作范睢蔡澤列傳第十九

率行其謀連五國兵爲弱燕報彊齊之讎雪其先君之恥作樂毅列傳第二十

能信意彊秦而屈體廉子用徇其君俱重於諸侯作廉頗藺相如列傳第二十一

湣王既失臨淄而奔莒唯田單用即墨破走騎劫遂存齊社稷作田單列傳第二十二

能設詭說解患於圍城輕爵祿樂肆志作魯仲連鄒陽列傳第二十三

作辭以諷諫連類以爭義離騷有之作屈原賈生列傳第二十四

結子楚親使諸侯之士斐然爭入事秦作呂不韋列傳第二十五

曹子匕首魯獲其田齊明其信豫讓義不爲二心作刺客列傳第二十六

能明其畫因時推秦遂得意於海內斯爲謀首作李斯列傳第二十七

爲秦開地益衆北靡匈奴據河爲塞因山爲固

建榆中作蒙恬列傳第二十八
塡趙塞常山以廣河內弱楚權明漢王之信於
天下作張耳陳餘列傳第二十九
收西河上黨之兵從至彭城越之侵掠梁地以
苦項羽作魏豹彭越列傳第三十
以淮南叛楚歸漢漢用得大司馬殷卒破子羽
于陔下徐廣曰堤塘之名也作黥布列傳第三十一
楚人迫我京索而信拔魏趙定燕齊使漢三分
天下有其二以滅項籍作淮陰侯列傳第三十二

楚漢相距鞏洛而韓信爲塡潁川盧綰絶籍糧
餉作韓信盧綰列傳第三十三
諸侯畔項王唯齊連子羽城陽漢得以閒遂入
彭城作田儋列傳第三十四
攻城野戰獲功歸報噲商有力焉非獨鞭策又
與之脫難作樊酈列傳第三十五
漢既初定文理未明蒼爲主計整齊度量序律
歷作張丞相列傳第三十六
結言通使約懷諸侯諸侯咸親歸漢爲藩輔作
酈生陸賈列傳第三十七

欲詳知秦楚之事唯周緤常從高祖平定諸侯作傅靳蒯成列傳第三十八索隱曰蒯音裴其字從山朋邑又音浮

徙彊族都關中和約匈奴明朝廷禮次宗廟儀法作劉敬叔孫通列傳第三十九

能摧剛作柔卒爲列臣欒公不刧於勢而倍死作季布欒布列傳第四十

敢犯顏色以達主義不顧其身爲國家樹長畫作袁盎朝錯列傳第四十一

守法不失大理言古賢人增主之明作張釋之馮唐列傳第四十二

敦厚慈孝訥於言敏於行務在鞠躬君子長者作萬石張叔列傳第四十三

守節切直義足以言廉行足以厲賢任重權不可以非理撓作田叔列傳第四十四

扁鵲言醫爲方者宗守數精明後世脩序弗能易也而倉公可謂近之矣作扁鵲倉公列傳第四十五

維仲之省徐廣曰吳王之王由父省厥濞王吳遭漢初定以填撫江淮之間作吳王濞列傳第四十六

吳楚爲亂宗屬唯嬰賢而喜士士鄉之率師抗

山東滎陽作魏其武安列傳第四十七

智足以應近世之變寬足用得人作韓長孺列傳第四十八

勇於當敵仁愛士卒號令不煩師徒鄉之作李將軍列傳第四十九

自三代以來匈奴常爲中國患害欲知彊弱之時設備征討作匈奴列傳第五十

直曲塞廣河南破祁連通西國靡北胡作衛將軍驃騎列傳第五十一

大臣宗室以侈靡相高唯弘用節衣食爲百吏先作平津侯列傳第五十二

漢既平中國而佗能集楊越以保南藩納貢職作南越列傳第五十三

吳之叛逆甌人斬濞（徐廣曰今之永寧是東甌也）葆守封禺爲臣（索隱曰葆音保言東甌彼越攻破之後保封禺之山今在武康縣也）作東越列傳第五十四

燕丹散亂遼閒滿收其亡民厥聚海東以集眞藩（徐廣曰一作莫 藩音普寒反）葆塞爲外臣作朝鮮列傳第五十五

唐蒙使略通夜郎而邛筰之君請爲內臣受吏

作西南夷列傳第五十六

子虛之事大人賦說靡麗多誇然其指風諫歸於无爲作司馬相如列傳第五十七

黥布叛逆子長國之以塡江淮之南安剽楚庶民作淮南衡山列傳第五十八

奉法循理之吏不伐功矜能百姓無稱亦無過行作循吏列傳第五十九

正衣冠立於朝廷而羣臣莫敢言浮說長孺矜焉好薦人稱長者壯有漑（徐廣曰一作慨）作汲鄭列傳第六十

自孔子卒京師莫崇庠序唯建元元狩之間文辭粲如也作儒林列傳第六十一

民倍本多巧姦軌弄法善人不能化唯一切嚴削爲能齊之作酷吏列傳第六十二

漢旣通使大夏而西極遠蠻引領內鄉欲觀中國作大宛列傳第六十三

救人於戹振人不贍仁者有乎不旣信（徐廣曰一云不慨信）不倍言義者有取焉作游俠列傳第六十四

夫事人君能說主耳目和主顏色而獲親近非獨色愛能亦各有所長作佞幸列傳第六十五

不流世俗不爭勢利上下無所凝滯人莫之害以道之用作滑稽列傳第六十六

齊楚秦趙爲日者各有俗索隱曰按日者傳亡無以知諸國之俗今褚先生唯記司馬季主之事也所用欲循徐廣曰一作總觀其大旨作日者列傳第六十七

三王不同龜四夷各異卜索隱曰其書既亡無以知其異今褚少孫唯取太卜占龜之雜說詞甚煩蕪不能裁剪妄加穿鑿此篇不才之甚也然各以決吉凶略闚其要作龜策列傳第六十八

布衣匹夫之人不害於政不妨百姓取與以時而息財富智者有采焉作貨殖列傳第六十九

維我漢繼五帝末流接三代統業周道廢秦撥去古文焚滅詩書故明堂石室金匱玉版如淳曰刻玉版以爲文字圖籍散亂於是漢興蕭何次律令韓信申軍法張蒼爲章程如淳曰章歷數之章術也程者權衡丈尺斛斗之平法也瓚曰茂陵書丞相爲工用程數其中言百工用材多少之量及制度之程品者是也叔孫通定禮儀則文學彬彬稍進詩書往往閒出矣自曹參薦蓋公言黃老索隱曰蓋姓也音古盍反而賈生晁錯明申商公孫弘以儒顯百年之間天下遺文古事靡不畢集太史公太史公仍父子相續纂其職曰於戲余維先人嘗掌斯事顯於唐虞至于周復典之

故司馬氏世主天官索隱曰案此天官非周禮冢宰天官乃廣知天文星曆之事天官且遷實黎之後而黎氏後亦總稱重黎以重本司天故太史公代掌天官蓋天官統太史之職言史是歷代之職恐非實事然衛宏以爲司馬氏周史佚之後故太史談云予之先人周之太史蓋或得其實也至於余乎欽念哉欽念哉罔羅天下放失舊聞索隱曰案舊聞有遺失放逸者網羅而考論之王迹所興原始察終見盛觀衰論考之行事略推三代錄秦漢上記軒轅下至于茲著十二本紀既科條之矣並時異世年差不明作十表索隱曰案並時則年曆差殊則亦略言難以明辨故作表禮樂損益律曆改易兵權山川鬼神索隱曰案兵權即兵書也遷沒之後亡褚少孫以律書補之今律書亦略言兵也山川即河渠書也鬼神即封禪書也故云山川鬼神也天人之際承敝通變作八書二十八宿環北辰三十輻共一轂漢書音義曰象黃帝已下三十世家老子言車三十輻運行無窮以象王者如此也○正義曰顏云此說非也言眾星共繞北辰諸輻咸歸車羣臣尊輔天子也運行無窮輔拂股肱之臣配焉忠信行道以奉主上作三十世家扶義俶儻不令己失時立功名於天下索隱曰巳音紀言扶義偶儻之士能立功名於當代不後於時也作七十列傳凡百三十篇五十二萬六千五百字爲太史公書序索隱曰桓譚云遷所著書成以示東方朔朔皆署曰太史公則謂太史公是朔稱亦恐其說未實蓋遷自尊其父著述稱之曰公或云遷外孫楊惲所稱事或當爾也略以拾遺補藝李奇曰六藝也○索隱曰漢書作補闕此作藝謂補六藝之闕也成一家之言厥協六經異傳索隱曰遷言以所撰取協於經異傳諸家之說耳謙不敢比經藝也異傳者如子夏易傳

毛公詩及韓嬰外傳伏生尚書大傳之流者也整齊百家雜語正義曰太史公撰史記言其協于六經異文整齊諸子百家雜說之語謙不敢比經藝也異傳謂如丘明春秋外傳國語子夏易傳毛公詩傳韓詩外傳伏生尚書大傳之流也藏之名山副在京師索隱曰言正本藏之書府副本留京師也穆天子傳云天子北征至于羣玉之山河平無險四徹中繩先王所謂策府郭璞云古帝王藏策之府則此謂藏之名山是也俟後世聖人君子索隱曰此語出公羊傳言夫子制春秋之義以俟後聖君子以君子之爲亦有樂乎此也第七十衛宏漢書舊儀注曰司馬遷作景帝本紀極言其短及武帝過武帝怒而削去之後坐舉李陵陵降匈奴故下遷蠶室有怨言下獄死

太史公曰余述歷黄帝以來至太初而訖百三十篇漢書音義曰十篇缺有録無書張晏曰遷沒之後亡景紀武紀禮書樂書律書漢興已來將相年表日者列傳三王世家龜策列傳傅靳蒯列傳元成之間褚先生補缺作武帝紀三王世家龜策日者列傳言辭鄙陋非遷本意也○索隱曰案景紀取班書補之武紀專取封禪書禮書取荀卿禮論樂書取禮樂記兵書亡不補略述律而言兵遂分歷述以次之三王系家空取其策文以續此篇何率略且重非當也日者不能記諸國之同異而論司馬季主龜策直太卜所得占龜兆雜說而無筆削功何蕪鄙也

索隱述贊曰

太史良才　寔纂先德　周遊歷覽
東西南北　事覈詞簡　是稱實録
報任投書　申李下獄　惜哉殘缺
非才妄續

太史公自序第七十　史記一百三十

昔司馬溫公嘗言少時惟得高氏小史讀之自宋訖隋正史並南北史或未嘗得見或讀之不熟今因修南北朝通鑑方得細觀章實齋又言通鑑爲史節之最粗而紀事本末又爲通鑑之綱紀奴僕嘗以此不足爲史學而止可爲史纂史鈔由是言之爲學不可不讀史尤不可不讀正史正史彙刻之存於今者有汲古閣之十七史有南北監之二十一史有武英殿之二十四史南監本多出宋元舊槧汲古開雕亦稱隨遇宋版精本考校然今皆不易致兩監覆刻校勘未精訛舛彌甚且多不知妄改昔人久有定評今世之最通行者莫如武英殿本數十年來重梓者有新會陳氏本有金陵淮南江蘇浙江湖北五局儳配汲古合刻本活版者有圖書集成局本石印者有同文書局本有竹簡齋本有五洲同文局本先後繼起流行尤廣惟是殿本校刻雖號精審而天祿琳琅之珍祕內閣大庫之叢殘史部美不勝收當日均未及蒐討僅僅兩漢三國晉隋五史依據宋元舊刻餘則惟有明兩監之是賴遷史集解正義多所芟節四庫提要羅列數十條謂皆殿本所逸若非震澤王本具存無由知其妄刪然何以不加輯補琅邪章懷兩漢舊注殿本脫漏數字乃至數百字不等宋嘉祐時校刊七史奉命諸臣劉范曾王皆績學之士篇末所疏疑義備極審愼殿本留貽不

逮其半實則淳化景祐之古本紹興眉山之覆刻尚存天壤何以不亟探求任其散佚是則檢稽之略也後漢續志別於范書殿本既信爲司馬彪所撰而卷首又稱劉昭補志且併爲百二十卷廁八志於紀傳之間國志鼎立分卷各殊殿本既綜爲六十五卷而三志卷數又仍各爲起訖其他大題小題之盡廢舊式者更無論矣是則修訂之歧也薛氏五代史輯自永樂大典及其他各書卷數具載原稿乃鋟版之時悉予刊落後人欲考其由來輒苦無從循溯又諸史均附考證而明史獨否雖乾隆四十二年有考覈添修之詔而進呈正本迄未刊布且紀志表之百十六卷猶從蓋闕是則纂輯之疏也蜀臣

關羽傳自陳壽忽於千數百年後強代秉筆追謚忠義薛史指斥契丹如戎王戎首玁狁賊寇僞命犯闕編髮犬羊等語何嫌何疑槪爲改避又明修元史洪武二年先成本紀三十七志五十三表六傳六十三目錄二翌年續成紀十志五表二傳三十又六釐分附麗共成二百一十卷一見於李善長之表再見於宋濂之記殿本則取先後成書之數併爲一談李表既非原文宋記復失存錄是則删竄之誤也南齊巴州之志桂陽始與二王之傳蜀刻大字曾無闕文果肯訪求何難拾補然此猶可曰孤本罕見也宋孝宗之紀田況之傳至正初刊均未殘佚而何以一則竄合二字充以他葉一則脫去全葉不

考文義然此猶可曰初版難求也金史禮儀志
太宗諸子傳初印凡闕二葉嗣已出內府藏本
校補矣而後出之本一乃補自他書一仍空留
素紙其他少則一二句多至數行數十行脫簡
遺文指不勝屈猶不止此闕文之外更有複葉
如宋史卷三十五之孝宗紀元史卷三十六之
文宗紀是複葉之外更有錯簡如元史卷五十
三之曆志是此則當日校刻諸臣不能辭其麤
忽之咎者也長沙葉煥彬吏部語余有淸一代
提倡樸學未能彙集善本重刻十三經二十四
史實爲一大憾事余感其言慨然有輯印舊本
正史之意求之坊肆訪之藏家近走兩京遠馳
域外每有所覯輒影存之後有善者前卽舍去

積年累月均得有較勝之本雖舛錯疏遺仍所
難免而書貴初刻洵足以補殿本之罅漏誦校
粗畢因付商務印書館用攝影法覆印行世縮
損版式冀便巾箱眞面未失無慮塵葉或爲有
志乙部者之一助歟中華民國十九年三月朔
日海鹽張元濟

後序

遜清文治盛稱乾隆高宗初立成明史命武英殿開雕至四年竣工繼之者二十一史其後又詔增劉昫唐書與歐宋新書並行越七年遂成武英殿二十三史四庫館開諸臣復據永樂大典及太平御覽册府元龜等書裒輯薛居正舊五代史請旨刊布以四十九年奏進於是二十四史之名以立按乾隆元年詔頒二十一史於各省會及府州縣學綜計當需千數百部監本刓敝不堪摹印度其事必未能行故有四年重刻之舉高宗製序亦有監本殘闕併勅校讎以廣刊布之言是始意未嘗不思成一善本也遷史歐書人爭誦習天水舊槧詎乏貽留且宋遼

金元相去未遠至正洪武初印原本尤不至靡有孑遺乃悉舍置不問而惟跼蹐於監本之下因陋就簡能無遺憾在事諸臣既未能廣事蒐求復不知慎加校勘佚者未補譌者未正甚或彌縫缺失以贋亂眞改善無聞作僞滋甚余已一一指陳疏諸卷末非敢翹前哲之過實不欲重誤來學也劉薛二史幾就消沈並予闡揚堪稱盛舉余於聞人舊刻更得其紹興祖本雖僅三分有一要亦人間未見之書所惜者薛史散亡難窺眞相曩聞贛南故家尚存殘帙赤眚徧地早成刼灰而南京路轉運司之録本流轉於嶺南江左之間若存若亡莫可蹤跡不得已而思其次乃以大典注本承之抑亦藝林所同憾

矣景印之始海宇清寧未及兩年戰氛彌布中更閘北之亂抱書而走亂定掇拾昕夕無間先後七載卒底於成世之讀者猶得於國學衰微之日獲見數百年久經沈霾之典籍相與探本而尋源不至爲俗本所眩瞀詎不幸歟國立中央研究院北平圖書館江蘇省立國學圖書館網羅珍籍不吝通假常熟瞿君良士江安傅君沅叔南海潘君明訓吳潘君博山海寧蔣君藻新吳興劉君翰怡復各出所儲以相匡助亦有海外儒林素富藏弆同時發篋遠道置郵使此九仞之山未虧一簣詩曰中心藏之何日忘之撫茲編者幸同鑒焉中華民國二十六年二月立春日海鹽張元濟

跋

遷史舊注今存者三家曰宋裴駰集解曰唐司馬貞索隱曰唐張守節正義其始皆别自單行與史記卷數不相合隋唐志集解八十卷新唐志索隱正義各三十卷今集解有單刻本然已散入與正文相附王鳴盛謂以一篇爲一卷疑始於宋人正義舊本失傳卷帙次第亦無可考獨索隱存毛氏覆本卷數如舊四庫總目謂三家合爲一編始於北宋天禄琳琅三家注合刻者凡四種其一嘉祐二年建邑王氏世翰堂鏤版其二嘉定六年萬卷樓刊然實以明慎獨齋本秦藩本僞冒近人已有定評其三目錄後有校對宣德郎秘書省正字張耒八分書條記號

爲元祐槧本今其書不存眞僞難定獨所載索隱後序有紹興三年四月十二日右修職郎充提舉茶鹽司幹辦公事石公憲發刊至四年十月十二日畢工印記者參以錢泰吉甘泉鄉人稿柯本索隱序後亦有此語云云當可徵信北宋本有無不可知要必以此爲第一刻今其本亦不存存者獨黄善夫本黄氏刊版年月不詳以避光宗嫌諱推之又後紹興五六十年矣明代覆黄氏本者有震澤王延喆及秦藩鑒抑道人二本同時尚有莆田柯維熊本行款相同或謂其亦出黄氏然何以有紹興石公憲發刊印記余頗疑黄氏亦祖石刻故與柯本行款一貫特紹興原刻今已不傳遷史三家注本自當以

此爲最古耳集解索隱傳本尙夥獨正義唯見此刻明代監本於原文多所删節四庫總目謂非震澤王氏刊本具存無由知其妄删因撮舉所遺者六十五條且云其一兩字之出入者不可毛舉然震澤王本亦不盡與黄本同其所遺佚不少概見周本紀虜褒姒盡取周賂而去句下有正義曰按汲冢書晉咸和五年汲郡汲縣發魏襄王冢得古書册七十五卷二十六字孝武本紀其北治大池漸臺句下有顔師古云漸浸也臺在池中爲水所浸故曰漸按王莽死此臺也二十五字律書律中仲吕句下有中音仲白虎通云言陽氣將極中充大也故復中言之也二十二字北至於參句下有音所林反四字

卽天地二十八宿句下有宿音息袖反又音肅謂東方角亢氐房心尾箕南方井鬼柳星張翼軫西方奎婁胃昴畢觜參北方斗牛女虚危室壁凡二十八宿一百二十八宿星也五十八字十母句下有甲乙丙丁戊己庚辛壬癸十字十二子句下有子丑寅卯辰巳午未申酉戌亥十二字甘茂列傳自殽塞及至鬼谷句下有二殽在洛州永寧縣西北十字信陵君列傳趙王田獵耳非爲寇也句下有爲于僞反四字范睢列傳譬如木之有蠹也句下有音妬石桂虫五字此皆建安黄本之所有而震澤王本之所無王士禛池北偶談云延喆性豪侈一日有持宋槧史記求鬻者索價三百金延喆紿其人曰姑留

此一月後來取直乃鳩工就宋本摹刻甫一月而畢此實讕言今王本索隱後序末木記七行明明有工始嘉靖乙酉蜡月迄丁亥之三月及重加校讎之語爲時十有四月且財力充牣剞劂之事寧不精審而顧有此缺憾者必其所得黄本中有殘佚不得已以他本足之故有如千葉行數字數不能與黄本密合上文所舉已佚之一百七十六字即緣於此明人刊書武斷最甚余嘗以是刻與監本對勘集解全删者四百九十九條節删者三十五條索隱全删者六百一十三條節删者一百二十二條而以正義爲尤多全删八百三十七條節删一百五十七條四庫館臣既知監本之不可信據王本補輯乃殿本所脱者即以王本考之仍有集解三十五條不全者七條索隱二十五條不全者十九條正義五十二條不全者四十八條裴馬二注猶有他本正義則獨賴此本之存館臣非不自知而何以猶任其闕略乎使是書長留海外不復歸於中土抑或簡斷編殘不獲通假俾完原璧則此百條之正義豈終不長此沈薶乎是不能不爲是書慶已海鹽張元濟